人效冠军

高质量增长的先锋

李祖滨 汤鹏◎著

CHAMPIONS OF LABOR EFFICIENCY

图书在版编目（CIP）数据

人效冠军：高质量增长的先锋 / 李祖滨，汤鹏著 . —北京：机械工业出版社，2021.1（2024.4 重印）

ISBN 978-7-111-66986-9

I. 人… II. ①李… ②汤… III. 企业管理 – 人力资源管理 – 研究 – 中国 IV. F279.23

中国版本图书馆 CIP 数据核字（2020）第 234565 号

人效冠军：高质量增长的先锋

出版发行：机械工业出版社（北京市西城区百万庄大街 22 号 邮政编码：100037）
责任编辑：孟宪勐　　责任校对：李秋荣
印　　刷：北京铭成印刷有限公司　　版　　次：2024 年 4 月第 1 版第 7 次印刷
开　　本：170mm × 240mm 1/16　　印　　张：15.5
书　　号：ISBN 978-7-111-66986-9　　定　　价：69.00 元

客服电话：（010）88361066 68326294

Champions of
Labor Efficiency

目 录

Champions of
Labor Efficiency

总　序

2040 年，让中国人力资源管理领先世界

南丁格尔的启示

因为我出生在国际护士节 5 月 12 日这一天，还因为我的母亲做了一辈子的护士，所以我对被称为“世界上第一个真正的女护士”的南丁格尔一直有着好奇和关注。2018 年 10 月，我在英国伦敦独自一人参观了南丁格尔博物馆。博物馆在圣托马斯医院内，面积约 300 平方米，里面不但模拟了当时战场上的行军床、灯光，还模拟了枪炮声以及战场伤员痛苦的叫喊声。博物馆内一个展柜吸引了我的注意，上面写着“She is a writer”（她是一位作家），她一生留下了 20 多万字的有关护理工作的记录，其中不仅有南丁格尔记录护理经历的 63 封书信、札记，还有她的《护理札记》《医院札记》《健康护理与疾病札记》等多部专著。这给了我很大的触动：南丁格尔也许并不是第一个上战场做护理的人，也不是救治伤员数量最多的人，但因为她是记录护理工作最早、最多的人，她以事实、数据和观察为根据，

总结了护理工作的细节、原则、经验和护理培训方法等，并把这些记录写成书流传下来，向全球传播，为护理工作发展和护理科学做出了重要的贡献，所以她是当之无愧的护理学奠基人。

这一年，我和我的团队已经完成了“人才领先战略”系列第三本书的写作，参观南丁格尔博物馆的经历更加坚定了我写书的信念，我们要写更多的书，为中国、中国企业、中国的人力资源管理做出我们的贡献，不辜负这个时代赋予我们的使命！

“人才时代”已到来

从增量经济到存量经济

改革开放40多年，中国经济发展可以粗略分为“增量经济时代”和“存量经济时代”两个阶段。

第一阶段是1978～2008年，是需求拉动增长的“增量经济时代”。此阶段中国经济形势大好，很多企业即使不懂经营和管理，也能做大规模，获得经济大势的红利。企业似乎只要能够生产出产品，就不愁卖不出去，轻易就可以获取源源不断的收入和利润。在这个阶段，规模、速度、多元化是企业的核心关注点。内部管理是否精细并不重要。

第二阶段是2008年之后，中国转向“存量经济时代”，城镇化和工业化增速放缓，造成整体市场需求增长趋缓，竞争越发激烈。过去那些不注重内部管理只追求规模的企业，那些为做大规模过度使用金融杠杆的企业，那些仅靠赚取大势红利生存的企业，这时都遭遇难赢利甚至难生存的危机。特别是中美贸易摩擦和新冠疫情让企业的可持续增长面临越来越大的压力。如何调整自身以应对新时代的挑战？如何在新时代找到增长与竞争的新的成功逻辑？这是所有企业都需要解决的新问题。

时代给出了答案并做出了倾向性的选择。在“存量经济时代”，越来越多的企业意识到人才的重要性，对人才的渴望也达到了空前的水平，企业家们发现唯有充分利用“人才红利”才能实现企业在新时代的突围，企业在新时代乃至可预见的未来应该倚重的不是金融资本、自然资源和政策，而是越来越稀缺的各类人才。

个体价值崛起

2014 年，众多公司开始推行“合伙人计划”。自万科推行事业合伙人以来，“合伙人”一时风靡于各行各业，被大大小小的企业所追随。“合伙人计划”的背后，是将“人”作为一种资本，“人”与物质资本、金融资本一样，能够平等拥有对剩余价值的分配权，不仅如此，还可以参与企业的经营和决策，这是一种个体价值的崛起！

企业家们发现，在这个时代，“人”靠知识、能力、智慧对企业价值的创造起到了主导甚至决定性的作用，“人”的价值成为衡量企业整体竞争力的标志。人与企业之间从单纯的“雇佣关系”变成“合伙关系”“合作关系”，这也体现了企业家们重视并尊重“人”创造的价值。海尔实行的“公司平台化、员工创客化”组织变革渐渐让我们看到了未来“不再是企业雇用员工，而是员工雇用企业，人人都是 CEO”这样的雇佣关系的反转。

从以“事”为中心转向以“人”为中心

在人和事之间，传统的管理理论一直认为人处于“从属”地位，我们认为这是工业时代的管理思维决定的。在工业时代，因为外部环境的变化较小，不确定性不是那么强，对“事”的趋势性预测相对比较准确，外部的机会确实也比较多，人对企业发展的作用相比物质资本、金融资本确实会小一些，所以大部分企业家在企业管理上仍以“事”为中心。

但是，到了“存量经济时代”，外部环境风云莫测，不确定性和不可预测性显著上升。同时，随着个体价值崛起，人才对企业发展的重要性已经显著超过其他资本。我们发现，那些优秀企业也早已在积极践行以“人”为中心的管理战略。谷歌前CEO埃里克·施密特在《重新定义公司》中讲道：“谷歌的战略是没有战略，他们相信人才的力量，依赖人才获得的技术洞见去开展新业务，不断地进行创造和突破，用创造力驱动公司的增长。”在国内，华为、腾讯、字节跳动、小米等标杆企业在践行“人才是最高战略”的过程中构筑了足够高的人才势能，它们通过持续精进人才管理能力，重金投入经营人才，不断强化人才壁垒，获得了越来越大的竞争优势。

很多企业家说他们缺兵少将，我们研究发现这是非常普遍的现象，而造成这一现象的根本原因是“重视人才的企业越来越多，加入人才争夺的企业越来越多，而人才供应的速度跟不上企业对人才需求的增长速度”，所以人才缺乏问题就比较严重。当今的企业在人才争夺上，面临着前所未有的挑战，我们发现那些优秀的企业都在竭尽所能地重视人，不计成本地争夺人，不顾一切地投资人，千方百计地激励人，人才正在向那些重视人和投资人的企业集聚。

所以，在新时代，企业要生存、要发展，“以人才为中心”不是“要不要做”的选择题，而是“不得不做”的必答题，否则人才将离你远去。

即使很多企业已经开始转向以“人才”为中心，但是很多企业在人力资源管理上的思维仍然停留在工业时代，存在着诸多误区。

人才管理的三大误区

误区一：不敢给高固定薪酬

纵观当下，采用低固定薪酬策略的企业通常都沦为普通企业或者昙花一现的企业，而优秀企业通常采用高固定薪酬策略。从低固定薪酬转向高固定薪酬的障碍就是中国人力资源管理转型的最大鸿沟，如图P-1所示。

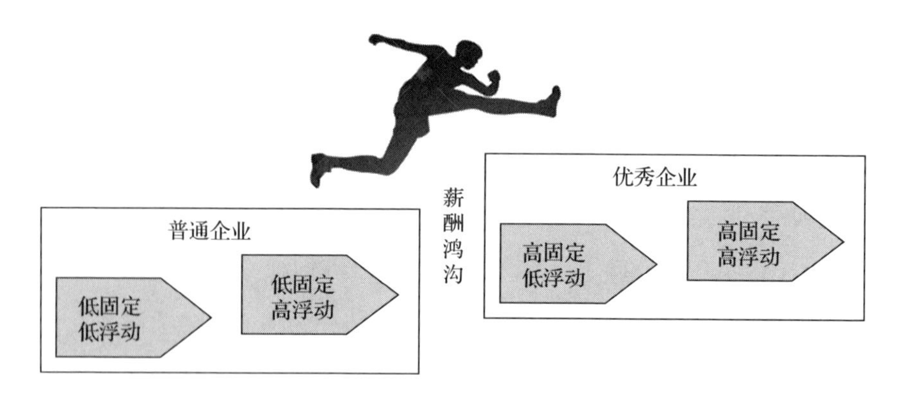

图 P-1　中国人力资源管理转型的薪酬鸿沟

误区二：以考核取代管理

这个误区的根源是长期对“以考核取代管理”路径的依赖，以及由此产生的一系列人力资源管理的做法。这种路径依赖让企业习惯基于绩效考核的结果来发放薪酬，这种薪酬发放方式自然而然地产生“低固定、高浮动”的薪酬结构。

这种路径依赖也让企业产生“雇佣兵”思维，缺人就紧急招聘，做不出业绩就没有奖金或提成，而以这种薪酬结构又极难招到优秀人才（见图P-2）。久而久之，企业就失去了打造优秀组织能力的机会和能力，使得企业在当前和未来的新经济形势下举步维艰。

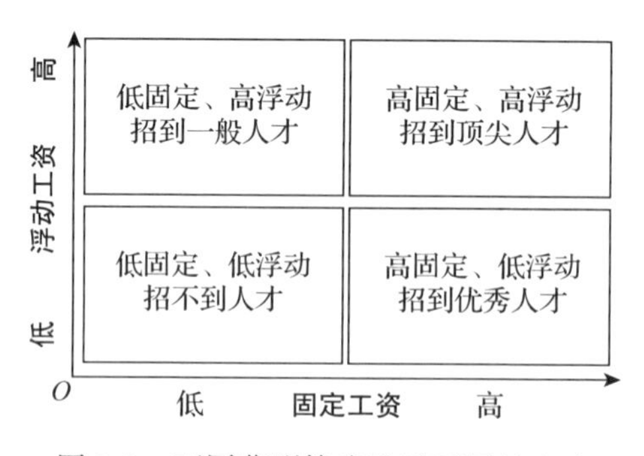

图 P-2　不同薪酬策略吸引不同的人才

误区三：以人才激励代替人才选择

激励的目的是让员工产出高绩效，很多人在研究激励，企业也在变着花样地优化自己的激励体系。然而我极少看到有企业家对自己企业实行的激励机制感到满意，那些对激励机制感到满意的企业往往不是因为激励本身，而是因为企业打造的人才队伍和组织能力。

事实上，员工的绩效在你聘用他的那一刻就已经基本确定了。我经常做一个类比：如果农夫选择了青稞种子，那无论如何精心地耕种和照料，也无法产出杂交水稻的产量。基于长期大量的观察、研究和咨询实践，我发现企业选择员工就像农夫选择种子，在选择的那一刻也就基本确定了收成。

21 世纪第一竞争战略：人才领先战略

人才领先战略是什么

“人才领先战略”是一个完整的管理体系，它包含了企业成为领先企业的成功逻辑，其所要表达的核心思想就是“如果在人才方面优先投入和配置，那企业的发展将会有事半功倍的效果”。

我们认为，基于长期主义的思维，如果企业能够聚焦于人，将资源优先投入人才管理，企业就会获得成倍于同行的发展速度、成倍于同行的利润收益；随着企业规模的扩大，企业家和管理者的工作量不仅不需要成倍增加，反而会更加轻松和从容。我们把“人才领先战略”翻译成英文“ talent leading strategy”，这是一个先有中文后有英文的管理学新词，在西方成熟的管理体系中还未出现过。

完整的“人才领先战略”体系包括四大部分（见图 P-3）。

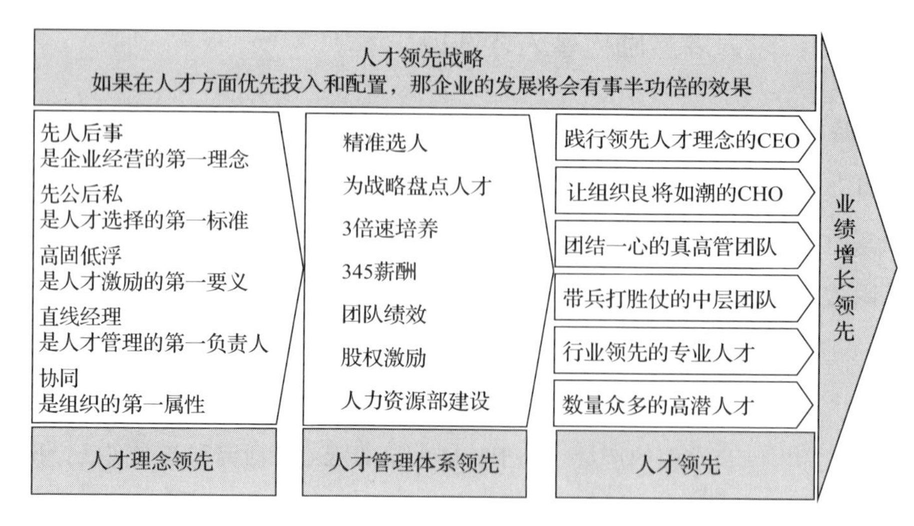

图 P-3　人才领先战略模型

1. 人才理念领先

优秀企业领先于一般企业的关键是拥有领先的人才理念和足够多的优秀管理人才。

企业家和企业高管需要摒弃陈旧的、过时的、片面的、错误的人才理念，使用符合时代特征和要求的人才领先战略的理念武装自己。

在新的时代背景下，我们为中国企业家萃取了领先的人才理念：

- “先人后事”是企业经营的第一理念。
- “先公后私”是人才选择的第一标准。
- “高固低浮”是人才激励的第一要义。
- “直线经理”是人才管理的第一负责人。
- “协同”是组织的第一属性。

2. 人才管理体系领先

为了使中国企业做大做强，我们帮助企业建立了领先的人才管理体系：

- 精准选人。
- 为战略盘点人才。
- 3 倍速培养。
- 345 薪酬。
- 团队绩效。
- 股权激励。
- 人力资源部建设。

拥有领先的人才管理体系，企业相比同行和竞争对手：

在人才选择方面，能吸引、识别并选拔出更多优秀的人才。

在人才决策方面，以基于战略的人才盘点作为公司人才决策的主要依据。

在人才培养方面，更加精准与快速地培养出公司战略发展需要的人才。

在薪酬方面，能以同样的激励成本获取更高的人效。

在绩效管理方面，能提高促进团队协作、组织协同的团队绩效。

在股权激励方面，企业要慎重使用股权激励，以“小额、高频、永续”模式让股权激励效果最大化。

在人力资源部建设方面，更能够让人力资源部走向台前，成为组织能力建设的核心部门。

3. 人才领先

企业拥有以下六个方面的人才，就做到了人才领先：

- 践行领先人才理念的 CEO。
- 让组织良将如潮的 CHO。
- 团结一心的真高管团队。
- 带兵打胜仗的中层团队。

- 行业领先的专业人才。
- 数量众多的高潜人才。

4. 业绩增长领先

企业拥有了上述六个方面的人才领先就能做到：企业良将如潮！业绩增长领先！

谁能把企业做强做大

未来市场将经历洗牌的过程，在无数次给企业家讲课时，我明确说道："未来 20 年，一家企业如果没有进入行业前十就没有生存权，如果没有进入行业前三就没有安全感。没有进入前十的企业都会被淘汰出局。"

在供给过剩的经济环境下，每家企业都在拼命地奔跑，做强做大才能长久生存。那么谁能将企业做强做大呢（见图 P-4）？

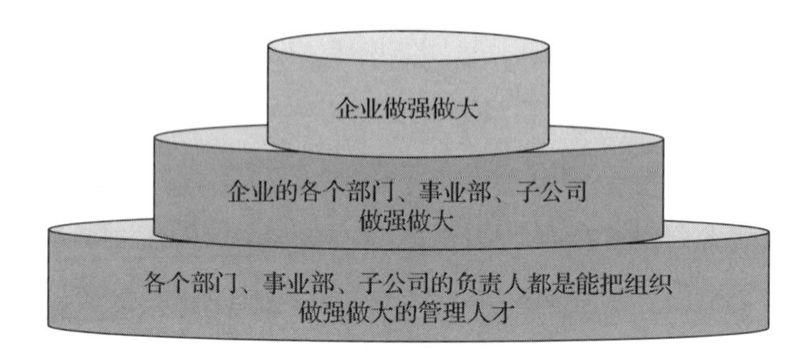

图 P-4　企业做强做大逻辑模型

第一，企业做强做大，一定取决于企业的各个部门、事业部、子公司能够做强做大。企业一定不可能出现这样的情况。各个部门、事业部、子公司没有做强做大，结果企业却做强做大。这种情况不符合逻辑。

第二，企业的各个部门、事业部、子公司能够做强做大，一定取决于各个部门、事业部、子公司的负责人都是能把组织做强做大的管理人才。企业一定也不可能出现这样的情况：各个部门、事业部、子公司的负责人不善管理，不具备让自己的部门、事业部、子公司做强做大的能力，结果他负责的部门、事业部、子公司却做强做大了。这种情况也不符合逻辑。

第三，能把自己的部门、事业部、子公司做强做大的人是优秀的管理人才，他能不断从外面吸引招聘人才，他能持续在内部培养出人才，他能激励人才做出贡献，他能把人才团结到一起，实现高效协同。

第四，能把企业做强做大的是管理人才，能领导自己的部门、事业部、子公司做强做大的人是优秀的中层管理人才。

企业家面对人才管理问题时，重心是什么？从哪里入手？我的观点是："擒贼先擒王，招聘先招将；打蛇打七寸，重点在中层。"

因此，企业要做强做大，需要关注的人才是：第一，管理人才；第二，专业人才；第三，高潜人才。其中 70% 的重心应该在中层管理人才。

能把企业做强做大的关键是拥有数量充足的优秀中层管理人才。

为使命而写书

从第一本书《聚焦于人：人力资源领先战略》开始，我们历时数年陆续写了《精准选人：提升企业利润的关键》《股权金字塔：揭示企业股权激励成功的秘诀》《345 薪酬：提升人效跑赢大势》《重构绩效：用团队绩效塑造组织能力》《找对首席人才官：企业家打造组织能力的关键》《人才盘点：盘出人效和利润》《人效冠军：高质量增长的先锋》《人才画像：让招聘准确率倍增》《3 倍速培养：让中层管理团队快速强大》等一系列人才领先战略图书，2023 年我们还会陆续出版《双高企业文化：让企业文化简单有效》《校园招聘 2.0》等书。我们秉持每一本书的每个理念、方法、工具和案例都聚焦于人，努力向企业家详细介绍如何系统实施"人才领先战略"，为企业家指出事半功倍的企业成功路径。

曾有企业家和朋友问我："你们写这么多书的动力是什么？"我发自内

心地回答说："是为了 2040 年的使命！"实际上，我们写书有三个动力。

让勤奋的中国企业少走弯路

多数中国企业的快速发展依赖于勤奋，但疏于效率；中国的企业家很喜欢学习，但学习的课程良莠不齐难辨好坏。近几年，中国的企业家对人力资源管理的关注热情越来越高，然而人力资源书籍要么偏重宏观理论，要么偏重操作细节，基于企业家视角，上能贯通经营战略，下能讲透落地执行的人力资源图书十分匮乏。为此，我将德锐咨询的书的读者定位为企业家。

我之所以能自信于我们德锐团队对中国企业人力资源管理的需求、痛点、难点的洞察，之所以能自信于我对全球领先企业的成功做法与实践的识别，一方面因为我在沃尔玛从事人力资源管理的工作经历，让我能够识别国内外优秀企业的共性特征。此外，德锐咨询善于整理案例，萃取精华，建立模型，撰写成书，然后向更多的企业进行推广，让更多的企业能够更方便地学习、掌握并运用先进的做法，避免经历过多的寻找、试错、再寻找的重复过程并减少浪费。

另一方面因为我们每年都会接触上千位企业家，与数百位企业家进行深度交流，我也特别重视主持和参与企业家私董会的问题研讨，这让我们接触到各种类型的企业、各个发展阶段面临的组织发展和人才管理的各种问题。这确保了我们对问题、需求有充分的了解。

我们以最广泛的方式学习、收集世界 500 强企业的领先做法和中国各行业头部企业的成功实践经验，也包括我们每年咨询服务的上百家企业，它们大多是各行业、各细分领域的领先企业，虽然有各自需要提升的方面，但也都有自己的优秀做法。我们利用自己快速学习、提炼归纳的优势，总结组织发展和人才管理的各种方法论。

让更多企业用上世界领先的管理方法

在写书的过程中，我反复向创作团队强调：不要保密！不要担心同行学会了和我们竞争抢业务，不要担心企业家和HR读懂了我们的书并且会做了，就不会找我们做管理咨询。德锐咨询要对自己的研发有自信，我们不断研究和创新，研究企业新遇到的问题，研究出行业中还给不出的解决方案，这是“人无我有”；我们还要对行业中另一种情况进行研究，比如，有咨询同行在提供咨询服务，但是理念和方法落后，对企业效果不佳，德锐咨询研究出比同行更与时俱进、更能解决企业实际问题的解决方案，这是“人有我优”。总有优秀的企业希望建立人才先发优势，用到我们领先的咨询产品；总有优秀的企业能拨开迷雾，识别出我们从根本上解决问题的系统性解决方案。以“不要保密”的开放精神去写书，是要让更多的优秀企业和想走向优秀的企业知道，德锐咨询能帮助企业找到更好的方法。

我们写书创作时秉持的宗旨是：让读者在理念上醍醐灌顶，操作上读了就会。我们坚持：总结西方管理的领先理念、世界500强企业的成功经验、中国头部企业的经典案例、中小企业的最佳实践，萃取其成功背后的逻辑，构建普适性模型，将应用方法工具化、表格化、话术化。

让中国人力资源管理领先世界

写书过程的艰难、痛苦只有写了书才知道。在德锐咨询的各种工作中，写书是最艰难的事情。我们过去能坚持下来，未来还将坚持下去，皆因德锐咨询的使命——“2040年，让中国人力资源管理领先世界”。我们希望在不久的将来中国能成为世界上最大的经济体，不只是规模上的世界领先，更应该是最强的经济体，应该是人均产值、人均利润的领先。这就需要更多的中国企业成为效率领先的企业，成为管理领先的企业，成为人力资源管理领先的企业。作为一家专注于人力资源管理领域的咨询公司，德锐咨询决心承担起这一使命，呼吁更多的企业家、管理者一起通过长期的努力奋斗，不断提升中国企业的人力资源管理水平，直至实现“让中国人力资源管理领先世界”。

我们的用心得到了很多企业家朋友和读者真诚的反馈。现在，我经常会收到一些企业家、企业高管发来的信息：

“这次去美国只带了《精准选人》，深刻领悟了你的观点。”

“我买了 100 本你的《聚焦于人》，我把这本书当作春节礼物送给我的企业家朋友。”

“我给我的所有中层都买了你的《人效冠军》，让他们每个人写读书心得。”

“我们企业家学习小组正在读你的《重构绩效》，15 个人每周读书打卡。”

“感谢李老师的《股权金字塔》，我们公司正在参考你的书做股权激励方案。”

“谢谢你们无私的奉献，《人才画像》里面写的方法、工具，是我招聘时一直在寻找却一直没有找到的，你们把这种方法写了出来，很实用！”

“以前我总以为我的一些想法是错的，看了你的书，验证了我的一些成功实践，在人才管理方面有了新的思路。我个人不太喜欢看书，但你的书我特别喜欢！我已经买了你所有的书，已经读完了 9 本，两个月内能全部读完。”

这些反馈让我和我的同事感到十分欣慰，这又成了我们持续写书、持续为企业家写书的动力。

为此，2019 年我和合伙人团队达成一致，坚定地把持续研究、撰写“人才领先战略”的专业书作为公司一项长期的战略任务。我们已经在

“十三五”期间完成了13本书的翻译和撰写。2020年底，当我们在制定“十四五”期间的规划时，也制订了一个宏伟的研究写书计划：“十四五”期间写25本，“十五五”期间写50本，到2030年我们总计要完成“人才领先战略”系列丛书88本的写作。

决心和勇气

每家企业都想成为优秀企业，但并不是每家企业都有践行优秀企业做法的决心和勇气。在过去的十年中，我向上万人介绍过“人才领先战略”，很多人听到后认为它逻辑合理，但我们发现真正要践行的时候，很多企业又开始犹豫了。

为什么会犹豫？很多企业家说：“周围的企业都还在用‘低固定、高浮动’的薪酬结构，我要冒这个风险吗？我如果用‘高固定、低浮动’”的薪酬结构，给错人怎么办？给了高薪酬人又离开了怎么办？给了高薪酬之后他依然做不出更大的贡献怎么办？公司的人力成本过高，影响经营怎么办？”甚至有的企业家说：“如果我给了高固定工资，别人都托关系把人推到我这边安排工作怎么办？”之所以产生诸如此类的担心和顾虑，是因为大多数人对变化带来的风险损失进行了过多的考虑和防范，而对于已经蒙受的损失，却有着过高的容忍度。

企业家要跨越鸿沟，需要有决心和勇气。

其实企业家不缺乏决心和勇气。企业家有买地、建厂房、买设备、并购企业的决心和勇气，但这些都是没有腿、没有脑，自己走不了的：厂房坏了还在那儿待着，设备旧了还在那儿趴着，并购的企业烂了还在手中。

很多企业家缺乏的是招聘和培养人才，给出高固定工资以及让不合适的人离开的决心和勇气。因为人是有腿有脑，有主观能动性的，当对象发生变化的时候，我们就会被成功的概率所困扰。因此在人的方面，企业家要用概率思维去估量得失，不能只关注损失，更要关注获得。比如人才培养，我们不能只看培养后走的人，更应该看培养后留下来的人，看到那些已经成为栋梁、为企业创造价值的人。如果我们不培养，就很难有收获；如果我们在培养上下了功夫，即使有人走了，我们还收获了留下来的。

企业家对人要有信心，要去信任和激发人性中积极的方面，在人的方面要勇于尝试，只有勇于承担用人造成的损失，才能赢得人才战争的胜利。

为什么有些企业家缺乏分享的勇气？这是因为他们想当富豪。为什么有些企业家不敢淘汰人？这是因为他们想当“好人”。真正的企业家，应该放弃当富豪、当“好人”的想法。当真正处于企业家角色的时候，放弃这些都是轻而易举的，践行领先人才理念的决心和勇气会油然而生。

今天的“人才领先战略”能否在企业实施落地，关键看企业家面对现在的经济环境有没有决心和勇气。

德锐咨询“人才领先战略”所介绍的理念、工具和方法，都是持续优秀的卓越企业的做法，并不是大众企业的做法。但这是不是意味着德锐咨询的研究不符合大众企业的利益和需求？

每当我们问企业家“你想让自己的企业成为一个昙花一现的企业、垂死苟活的企业，还是成为优秀的企业，或者持续优秀的卓越企业”？所有企业家都说，希望自己的企业能成为行业领先企业，成为区域领先、全国领先企业，甚至成为世界领先企业，所有的企业家都怀着要打造优秀企业、打造卓越企业的情怀与梦想。所以德锐咨询为大众企业提供了如何成为优秀企业、卓越企业的领先理念、正确方法、有效工具，这正符合了大众企业的真正需求。但是，能成为优秀企业和持续优秀的卓越企业的并不多，原因就在于许多企业缺乏在人才上下赌注的勇气，没有投资于人的决心。

德锐咨询把优秀企业、持续优秀的卓越企业的做法，通过管理咨询的实践验证、分析研究，提炼、总结成图书、文章，公之于众，帮助更多的中国企业成为区域标杆、行业标杆、全国标杆乃至世界标杆，这就是德锐咨询的责任和使命。

吉姆·柯林斯的新书《卓越基因》中有这样一句话："没有伟大的人才，再伟大的愿景也是空想。"这是很多企业愿景落空的根本原因，而这和德锐咨询"人才领先战略"系列丛书所想表达和强调的思想是高度一致的。我们希望"人才领先战略"系列丛书的出版，真正能够帮助中国企业家提升人才管理能力，增加在人才上的决心和勇气，成就企业伟大愿景。

以上，是为序。

李祖滨

德锐咨询董事长

Champions of
Labor Efficiency

前　言

人效冠军：高质量增长之路

沃尔玛店总经理为什么不愿意增加店员

在沃尔玛工作期间，有一点给我留下了很深的印象：沃尔玛中国总部对每家店都进行极其严格的预算控制，店总经理对店内员工人数也控制得非常严格。绝大多数店总经理不但不会突破人员预算，还总是自觉地控制员工人数，尽量不去用完人员预算。原因很简单：为了完成利润目标，店总经理必须控制成本，而人员工资是主要成本之一。

在国内一些企业，控制人员数量是非常难的一件事。

人员预算每年年初都会做，但到了年末，人员预算往往被突破。用人部门对增加的每一个人，似乎都有充分的理由：

“不加人，我怎么能实现销售额的增长？”

“没有人，新产品怎么能开发出来？”

“就目前这点人，想完成目标，根本不可能！”

这些企业每隔几年就要重做一次“定岗定编”，实际上就是要精减冗余岗位和人员。人力资源部要完成这项艰巨的任务，要与各个用人部门斗智斗勇，进行几轮争吵，反复博弈，即使这样，也很难把人数降下来。企业有时候还要请管理咨询公司助阵，配合充分的调研论证和合理计算，给出有说服力的减员方案。

人员预算总被突破，问题的实质是这些企业对“人效”这一概念的意识淡薄。

我们对400多家上亿规模的国内企业进行调查后发现，58%的企业没有统计人效的习惯，21%的企业只是定期做人效分析，仅有21%的企业将人效（人均营业收入或人均利润等）作为企业的经营目标。

沃尔玛虽身处利润低、盈利难的零售行业，却能连续七年高居《财富》世界500强首位，与其精益管理、对人效的高要求有很大的关系。我曾多次断言：“只要保持这种精益管理和对效率极致的追求，即便沃尔玛没有做零售，在其他行业（如汽车、餐饮），它依然能够成为《财富》世界500强第一名。”

过去的十多年，我一直竭力提醒更多的企业，要注重效率、注重人效，但感到自己的声音微弱。一些不重视人效、只求规模、疯狂并购的大企业非常风光，甚至一些不重视人效、依靠概念吸纳巨额融资的企业在国际金融市场上的市值奇高。

2008年金融危机爆发以来，我国经济已由高速增长阶段转向高质量发展阶段，这种只求规模的企业越来越艰难。2020年一开年，以多元化并购扩张挤入《财富》世界500强的海航集团，终因负债高、资金链断裂，开始接受海南省政府主导的资产重组；瑞幸咖啡因财务造假被披露而市值狂跌；一些重规模、轻管理的企业巨头受新冠肺炎疫情影响业绩严重下滑。这些案例的出现，让更多的人认识到，内功是企业生存的根本，也让更多的企业相信，重人效的高质量增长是企业健康发展的必由之路。

高质量增长依赖高人效

我把中国改革开放40多年经济的发展分成两个阶段，企业从“不重视人效”正转向“必须重视人效”(见图 0-1)。

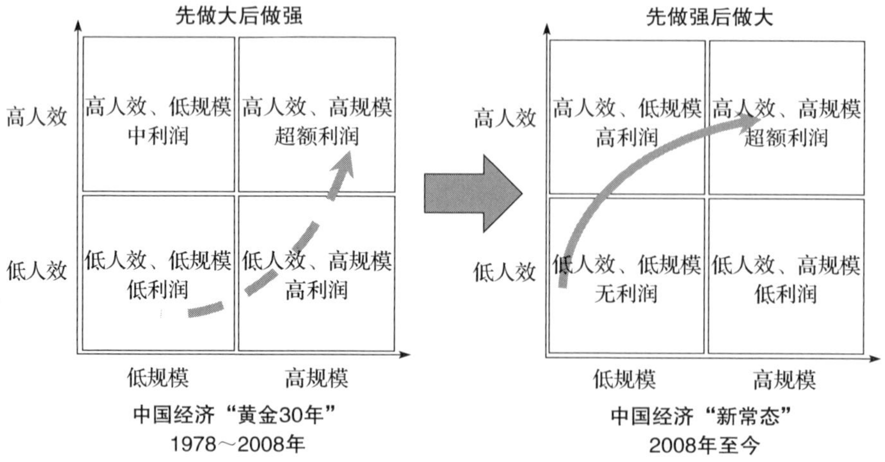

先做大后做强

高人效 | 高人效、低规模 中利润 | 高人效、高规模 超额利润

低人效 | 低人效、低规模 低利润 | 低人效、高规模 高利润

低规模 高规模

中国经济“黄金30年”
1978～2008年

a)

先做强后做大

高人效 | 高人效、低规模 高利润 | 高人效、高规模 超额利润

低人效 | 低人效、低规模 无利润 | 低人效、高规模 低利润

低规模 高规模

中国经济“新常态”
2008年至今

b)

图 0-1　由高利润转向高人效

第一阶段是 1978 ～ 2008 年，我称之为中国经济“黄金 30 年”。这个时期，中国市场需求增长很快，一些企业不重视人效，忙于扩大市场、做大规模，管理不够精细。如图 0-1a 所示，一些“低人效、高规模”的企业获得了“高利润”。这个时期，即使“低人效、低规模”的企业也能获得利润，它们获得的是“低利润”，这些利润当中包含了经济增长的大势红利。这个时期，“高人效、低规模”的企业却只能获得“中利润”。这个时期的总体情况是：利润向规模倾斜，高规模则高利润。

第二阶段是 2008 年至今，这个时期中国市场需求增长趋缓，进入高质量增长时期，高人效企业受到追捧（见表 0-1）。如图 0-1b 所示，很多“高人效、低规模”的企业获得了“高利润”。这个时期，那些规模不大但在精细管理方面做得好、在研发创新方面投入多（被称为“小而美”）的企业，都有高于同行的人均利润。这个时期，那些不注重管理、只追求销售额和规模，以及为做大规模过度使用金融杠杆的“低人效、高规模”的企业盈利越来越困难，只能获得“低利润”。那些“低人效、低规模”的企业缺乏创造利润的能力，过去只能赚取大势红利，这时候要想获得利润就更难了，几乎“无利润”。这个时期的总体情况是：利润向人效倾斜，高人效则高利润。

表 0-1 高质量增长时期利润向人效倾斜

企业类型	企业特征	高规模增长时期（1978～2008年）	高质量增长时期（2008年至今）
低人效、低规模	“作坊式”管理 管理弱 规模小	低利润	无利润
低人效、高规模	大而不强 非相关多元化	高利润	低利润
高人效、低规模	“小而美” 精细管理 高研发投入	中利润	高利润
高人效、高规模	人效冠军 在高人效的基础上追求高增长	超额利润	超额利润

人效是衡量企业强健与否的最好指标

如何区分企业的好坏？看规模？看品牌？看融资？看技术？看设备？不同的评判标准导致企业的追求不同，影响着企业对自身组织能力塑造的方向。

在2020年新冠疫情引发的经济困境中，哪类企业更容易倒下？

有人说是小微企业，有人说是大型企业，也有人说是中型企业。

有人说是勇猛冲锋的企业，也有人说是稳健的企业。

这些说法从某个方面讲是对的，但都有片面性。如果从更具普遍性的角度给出一个答案，那就是：**人效低的企业更容易倒下。**

什么样的企业更容易历经动荡的外部环境而不倒，做到基业长青？**高人效企业更容易做到基业长青。**

人效是衡量组织能力强弱的指针

越来越多的企业家已经开始谈组织能力，但究竟怎样才算组织能力强，怎样算组织能力弱？在我们看来，对于企业而言，人效就是衡量组织能力强弱的指针——高人效的企业组织能力强，低人效的企业组织能力弱。表 0-2 列出了高人效企业与低人效企业的区别。

表 0-2　高人效企业与低人效企业的区别

低人效企业	高人效企业
人均利润低于行业平均水平	人均利润高于行业平均水平
同行在赚钱，但它赚不到钱	同行不赚钱，但它能赚到钱
最怕竞争对手降价	有能力发起价格战
自己降价后就没有了利润	自己降价后依然有较高的利润
客户满意度低	客户满意度高
招人难	优秀人才争相加入
员工士气低迷	员工精气神十足
员工敬业度低	员工敬业度高
老板灰头土脸	老板意气风发
规模越大，可能亏钱越多	规模越大，赚钱越多
投资机构投入的资金容易打水漂	投资机构投资之后会有高回报
浪费社会资源	放大社会资源的价值
现金流紧张	现金流充裕
企业苦苦挣扎	企业从容不迫
一个浪头就会被打倒	经得起大风大浪
短命	长寿

高人效的企业才有并购的资格

很多人认为有了资金就可以并购，这种观点害了不少企业。我见到不少上市企业，上市融资以后就开始大举并购。并购后，它们无人可派，连续几年向被并购企业输入资金，经营却没有任何起色，并购前经营亏损，几年后依然亏损。

并购成功的前提是高人效的组织能力。一个企业有了高人效的组织能力，就可以向被并购企业输出，被并购企业提高了人效，就具备了创造更大利润的能力。

“授人以鱼，不如授人以渔”。对并购企业来讲，资金只是“鱼”，高人效的组织能力则是“渔”。

只拥有资金，不具备高人效的组织能力，这样的企业并购后多数会竹篮打水一场空——资金投完，回到从前。

那些低人效的企业，是不具有真正的并购资格的。

高人效的企业有定价权

高人效的企业在产品和服务的定价上可升可降。人效高，利润也比较高：当它定高价时，可以收获较高的单品利润；当它定低价时，可以收获销售额扩大的规模利润。高人效的企业在价格上可以升降自如，定价的高低并不影响其获利能力，它们拥有定价权。

低人效的企业在产品和服务的定价上相当被动。定高价，无人购买，没有销售也就没有利润；定低价则利润微薄，甚至没有利润。低人效的企业没有定价权，甚至难以生存。

高人效的企业能长寿

高人效的企业能够活得更久，无数例子证明了这一点，沃尔玛的成长历程就是最好的例证。持续追求高人效是沃尔玛一贯的宗旨。这与他们追求持续提升效率的氛围息息相关。沃尔玛历史上的一切变革，都围绕着人效提升来制定变革举措，包括持续提升销售额，降低采购成本、运营成本，制定更有竞争力的价格等。正是这种苛求人效的坚持，让沃尔玛连续多年成为《财富》世界 500 强第一名。

华为亦是追求人效的典范，任正非在华为飞速发展的过程中，一直强调“两流一效”，即高收入流、高现金流、高人效（人力资源效能）。所以，在某段时间，即使华为的经营数据超过了爱立信，但人效不高，他依然不满意。经过努力，2014 ～ 2018 年，华为只增加了 10 000 人，但利润增加了一倍，实现了人效的飞跃。

阿里巴巴也是紧密关注人效的企业。淘宝早期，马云提出人效（人均交易额）要达到 10 万美元；后来，马云将人效目标定到了 1 亿元；之后，马云要求人效达到 5 亿元。这样的人效要求，让各部门不敢轻易加人，因为每加一个人就需要增加上亿元的交易额。

在我们看来，高人效的企业会更长寿，这基于这样一个逻辑：有足够高的人效，意味着企业拥有更高的效率。一方面，企业人浮于事的情况很少发生，企业低效的浪费不复存在，也就是说，侵蚀企业“体质”、让企业短命的因素会大幅减少；另一方面，持续的高人效，意味着企业拥有更强的竞争力，意味着企业生存下去的概率更高，物竞天择，自然界如此，企业也是如此。

无论外界情况如何变化，高人效企业成为活得最久的企业的概率更高。

我们为什么写《人效冠军》

我们坚信，企业高质量发展的最终路径就是成为高人效企业。

受这种信念的驱动，我们开始系统研究中国的人效冠军，试图通过剖析它们的实践，来为企业家找到可借鉴的“道”和“术”。为此，我们用《人效冠军》这本书向各位企业家呈现研究的成果，希望本书能实现我们的以下目标。

目标一：唤起更多企业对人效的重视。

目标二：描绘出人效冠军的精准画像。

目标三：总结出企业提高人效的具体方法。

目标四：为中国企业的高质量增长提供实现路径。

目标五：为中国企业家提供一本系统认识人效冠军和提升人效的实践指导书。

人效冠军的研究方法

1. 人效冠军的筛选

我们筛选的过程分为以下三个阶段。

第一个阶段是对人们比较认可的人效冠军进行研究。

第二个阶段是以数据论英雄，进行更加科学严格的筛选。

第三个阶段是对筛选出来的企业进行评审，综合数据和实证材料的研究，最终选出目标行业的人效冠军，以保证筛选出的是“全面”的人效冠军。

2. 人效冠军的研究

我们主要通过收集与分析企业发展文献、分析企业数据、问卷调研、企业访谈、研讨、共创等方式进行了系统的研究。

一方面，对每家企业，研究小组的成员会搜索、收集有关文献和公开报道等书面材料进行分析。同时，我们对每家企业进行系统的数据分析，时间跨度为 5 ～ 10 年。另一方面，我们对各行各业进行了广泛的人效问卷调研，并对人效冠军的高管和人力资源相关人员进行了访谈。

3. 人效冠军画像

人效冠军有什么特征？我们通过确定人效冠军及深入研究它们，最终得出了人效提升模型，即“人效冠军画像”，如图 0-2 所示。

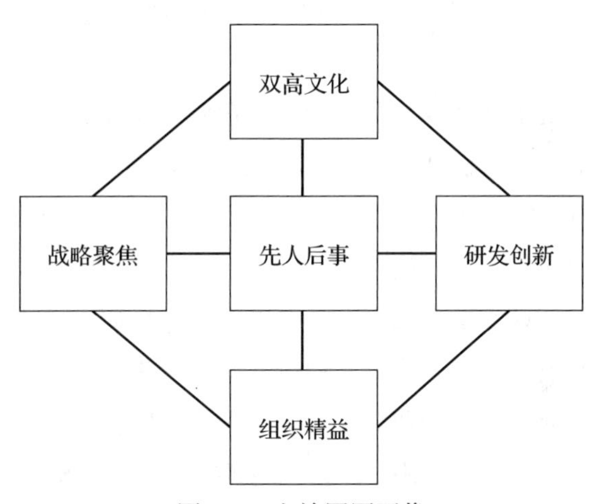

图 0-2　人效冠军画像

先人后事、战略聚焦、组织精益、研发创新、双高文化这五个方面共同组成了人效冠军画像，同时也指明了企业提升人效的方向。

（1）人效冠军特征一：先人后事。

先人后事就是真正践行“人才第一，战略第二”，而不是口头说“人很重要”，做法上却背道而驰。

我们发现，人效冠军更注重选人，而不是只注重考核。它们更相信：只有合适甚至优秀的员工才能真正为企业创造利润，合适的、优秀的员工占比越高，企业的人效就越高。

我们还发现，人效冠军大都是薪酬冠军。人效冠军都在使用“345 薪酬体系”，即“给 3 个人发 4 个人的薪酬，让他们创造 5 个人的价值”。

（2）人效冠军特征二：战略聚焦。

我们发现，人效冠军几乎都在践行战略聚焦策略。它们集中力量在自己的优势领域做强，之后再考虑横向或纵向扩张，它们每时每刻都以“聚焦”来抑制扩张的冲动。

将优势力量集中在一点，形成相对优势，更能提升人效，也更能获得商业成功。

（3）人效冠军特征三：组织精益。

企业天生就有人数增加、组织变大的趋势。在中国过去追求规模的大环境下，很多企业都在不经意间臃肿起来，90% 的企业都存在“组织肥胖症”。

人效冠军都克服了“组织肥胖症”。它们通过加大管理幅度、压缩管理层级、精简组织、裁撤部门与岗位、数字化转型等方式，不断给组织瘦身，保持组织精益的状态。

（4）人效冠军特征四：研发创新。

我们的研究，证实了人效冠军具有以下三个特征。

- 人效冠军有比同行企业更高的研发投入占比。
- 人效冠军有比同行企业更高的研发人员占比。
- 人效冠军总是能率先研发出更能够满足客户需求的新产品和服务，总是能率先采用更高效的管理方法。

这三个特征是人效冠军能比同行企业获得更多利润的关键。

（5）人效冠军特征五：双高文化。

在谈论企业文化的好坏时，多数人都会落入员工的视角，认为在企业氛围、员工沟通、员工关怀、员工福利方面做得好，企业文化就是好的。

戴维·尤里奇认为：给企业带来高绩效的文化才是好的企业文化，纯粹追求员工关怀的企业文化并不是企业真正需要的企业文化。

我很赞同戴维·尤里奇的观点，我们认为：建设企业文化的最终目的是让企业的运营更加卓有成效。因此，我们德锐咨询鲜明的观点是："高严格 + 高关怀"的企业文化才是最优的企业文化。

"高严格"，就是对企业挑战性目标的严格执行，对制度流程的严格执行，对用人标准的严格执行，对价值观的严格执行。沃尔玛在执行"诚实"这一价值观时，遵照的是对不诚实行为的"零容忍"原则。大到总经理业绩作假、采购人员收受贿赂，小到理货员偷吃一块巧克力，沃尔玛最轻都会做解聘处理，这就是沃尔玛的"高严格"。"高关怀"，是基于员工能力给予他们富有竞争力的薪酬福利，帮助合适的人快速实现职业发展，对员工充分尊重、信任和授权，同时不断关注和帮助员工成长。我们发现，普通企业和人效冠军相比，在"高关怀"方面存在差距，在"高严格"方面的差距更大。

人效冠军在文化上的做法，都可以归纳为高严格与高关怀相辅相成的双高文化。在华为"以奋斗者为本"的文化中，严明的纪律和对高目标的不懈追求是高严格，对于员工的全面激励是高关怀；万华化学对于费用的严苛控制是高严格，对于人和技术的大方投入是高关怀；沃尔玛对于不诚信行为的零容忍是高严格，对员工的高度信任是高关怀。

打造中国的人效冠军

中国企业中有很多人效管理的标杆，它们在人效管理上做得非常出色，我们此次的研究也印证了这个结论。

在研究过程中，我们在想，人效冠军的管理模式是否可以复制到更多的企业，从而打造更多的人效冠军。想到这里，我们不禁热血沸腾。德锐咨询的使命是，"把中国的人力资源管理提升到世界领先水平"，帮助一个个企业成为"人效冠军"，也就是在完成我们的使命。

事实上，我们一直在为实现这个目标而努力。自 2015 年翻译出版戴维·尤里奇的经典著作《人力资源转型：为组织创造价值和达成成果》开始，之后于2017年出版了第一本人力资源管理著作《聚焦于人：人力资源领先战略》，直至后来陆续出版《精准选人：提升企业利润的关键》《股权金字塔：揭示企业股权激励成功的秘诀》《345薪酬：提升人效跑赢大势》《重构绩效：用团队绩效塑造组织能力》[一]《找对首席人才官：企业家打造组织能力的关键》[二]等一系列图书，我们不断总结提炼我们的方法和理论，使我们在人力资源管理咨询领域保持领先。在这个过程中，我们给成百上千家客户提供管理咨询服务，不断将领先的理念和做法带入企业，也在持续优化我们的产品和工具——打造我们自己的测评系统、咨询产品信息化平台。如今，通过这本《人效冠军》，我们总结出人效冠军提升人效的系统性核心要素，希望将它传递给更多的中国企业、更多的管理者。

在达成使命的道路上，我们一直在努力——为把中国的人力资源管理提升到世界领先水平而努力。

致谢

虽然我们对人效的研究已经持续了两三年，但是直到2019年8月才萌发了以人效为主题写书的想法。《人效冠军》从正式开始撰写到交稿，经历了12个月的时间。本书的写作和以往任何一本书的写作都不太一样——以前是对理论方法的系统总结，而这一次是一项全新的研究。通过研究，我们对中国的人效冠军共有的核心要素进行了提炼，并把其中有效的做法呈现出来。

每次写书，都是我们对一个领域的系统研发——企业资料的获取、与企业高管的访谈、研究方法的推翻重来，以及随着研究不断深入方向的调整。每一步走得都很艰辛。所幸，经过我们的努力，本书的研究成果如期问世。

本书能顺利出版，承蒙很多人的支持，在此谨对他们表达诚挚的感谢。

[一][二] 这两本书机械工业出版社已出版。

感谢参与《人效冠军》调研的企业家和朋友的支持。

感谢机械工业出版社的编辑老师对我们的支持。

感谢参与写书的同事：汤鹏、陈文亮、陈媛、孙克华、应心凤、陈琪、程子龙、董忠强、王大康、周颖。感谢写书小组之外的同事承担了大量的工作，给予写书小组时间上的支持。感谢参与本书校对的同事，本书是反映我们团队智慧的成果。

我们对于“人效冠军”的研究刚刚开始，我们会持续做下去，希望更多的人给我们提出宝贵的意见。

Champions of
Labor Efficiency

第 1 章

走向高人效

世界上只有两种物质：高效率和低效率；
世界上只有两种人：高效率的人和低效率的人。
——萧伯纳

新冠疫情，让 2020 年的开始显得尤为不凡。很多人把这场疫情称为“一场大考”。的确，这次疫情对整个中国的治理能力、社会保障体系、经济发展实力以及我们每个个体的免疫力，都提出了不小的挑战。

无论是在国家层面、企业层面上还是在个人层面上，不断变化的外部环境随时都在对我们进行摸底考试。只是通过这样的方式，有些突然，有些刻骨铭心，还平添了一丝酸楚。永远在变化的变化，一直在向我们提问：我们究竟如何应对这些突如其来的变化？

答案只能是：修炼内功，提升硬实力。如何衡量硬实力？对于个体健康而言，硬实力的衡量指标可以是身体质量指数（BMI）；对于企业经营来说，硬实力的衡量指标就是效率，再细致一点就是人效。

人效是衡量组织能力的关键指针

重视组织能力、提升组织能力几乎已经成为企业界的管理共识，组织能力也早已被认为是企业的核心能力之一。对于企业来说，更高的组织能力意味着在投入相同的情况下，公司相比于竞争对手具有以更高的生产效率或更高的质量将其各种要素投入转化为产品或服务的能力。

通过调研，我们并没能找到衡量组织能力高低的公认性指标。目前，企业经营效率类的指标是最接近反映组织能力的指标，比如资产收益率（资产收益率＝净利润/平均资产总额）。相比利润、销售额等绝对额指标，资产收益率这一指标虽然能够屏蔽企业规模、资本结构等方面的影响，但是其立足于资产的使用效率，并不能直接反映组织能力，对组织能力的衡量容易产生偏差。比如，用设备、技术代替人工是提升生产力、提高组织能力的客观趋势，用人工替代设备、技术虽然通常能够减少资产投入，并在短期内获得较高的资产收益率，但这并不代表组织能力强。

我们认为，人效是很好的衡量组织能力的指针，甚至是最关键的指针。正如任正非所说："不抓人均效益增长，管理就不会进步。因此一个企业最重要、最核心的就是追求长远地、持续地实现人均效益增长。"人效立足于人力资源的使用效率，更贴近组织能力的评价，能够综合反映设备、技术等硬性投入以及企业管理水平等软性能力对组织能力的影响。相比于竞争对手，人效高的企业一定能够将同等的资源投入转化为更高的绩效产出，而组织能力的强弱本质上也决定了这种投入产出效率的高低，如图1-1所示。

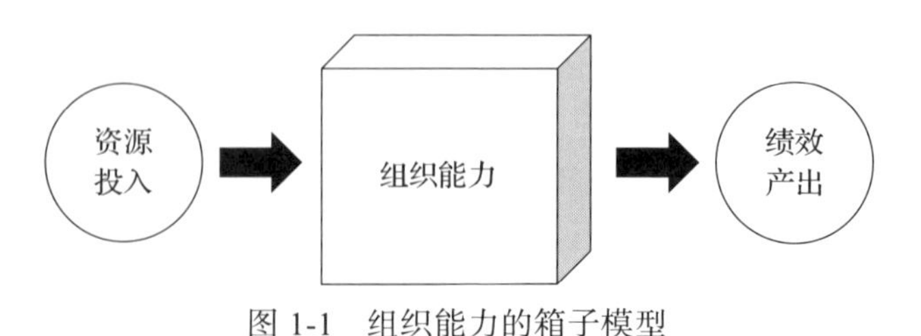

图1-1　组织能力的箱子模型

难以克服的粗放

事实上，在咨询工作中，每次面对新客户，我们几乎无一例外地抛出这样一个问题："过去三年，你们的人均销售收入和人均利润怎么样？"遗憾的是，很多时候我们得到的反馈不尽如人意。说实话，大部分客户基本上不太关注这些指标，或者说没有做过相关的统计分析；有些客户零散地关注过这些数据，但是从来没有对它们给予重视。我们为此发起了一个关于人效的调研，包括我们客户在内的 400 多家企业参与了此次调研，结果如图 1-2 所示：58% 的企业根本不关注人效；21% 的企业定期开展人效分析，但是未将其作为企业经营目标或者考核指标；可喜的是，21% 的企业定期开展人效分析，并将其作为企业经营目标进行考核。

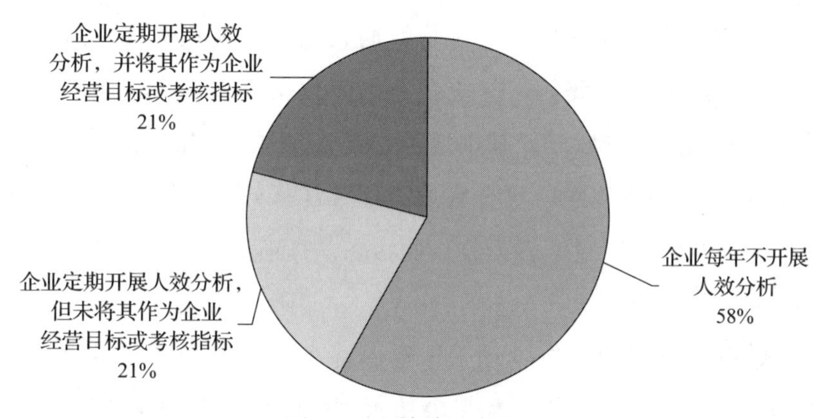

图 1-2　人效关注度调研

为什么衡量经营质量的"人效"指标没有得到企业的关注？随着研究和思考的深入，答案终于慢慢浮现，归根到底，这是过去难以克服的粗放式发展所致，这不是企业基因的问题，而是企业发展模式的问题。自改革开放以来，整个中国经济沐浴改革春风，很多中国企业享受着制度红利和人口红利。过去中国经济的发展比较强调规模指标，号召"大干快上"，GDP 快速增长，我们的经济实力和国际地位也迅速提升。这种追求规模扩张的发展模式深深地烙在中国企业身上，表现为企业追求规模，迅速扩张，忽视发展质量，忽略内部管理。这是历史展现在我们面前的真相，似乎很残忍，却无比真实。

只追求销售额

在追求速度与规模的发展阶段，销售额当之无愧成为企业家首要关注的目标，以至于在我们的脑海中天然地形成“有了销售额就有了一切”的概念。所有企业都将销售额作为最重要的年度经营指标之一，但是我们很少见到将人效作为经营指标的企业。

不可否认的是，凡是顺利活下来的企业，在过去的发展过程中，人效基本还是在波动中提升，甚至表现亮眼。然而，有多少企业是通过有意识地提升经营效率而获得成功的呢？实际上，肯定有一些企业已经因为经营效率低而死去了，尽管我们无法得知究竟有多少这样的企业。同时，经验告诉我们，一些企业人效数据表现出众，是因为搭上了外部环境利好的顺风车，基本处于“靠天收”的自然生长状态，长远看具有高度的不确定性。只有有意识地关注人效，采取实际行动才能让企业的经营效率摆脱“靠天收”的状态，真正获得持续生存和发展的能力。

历史也告诉我们只有主动采取措施提高效率才能发展得更快。我国是最早种植水稻的国家，最早种植水稻的收成主要依靠“天时”，换句话说是“靠天收”。东汉时期《四民月令》中最先记述“别稻”，即水稻移栽的方法。农民首先在秋田中培育幼苗，再将之移栽至稻田中，这样做的好处是：一方面可以提高土地利用率，当其他作物还在农田内尚未成熟时，水稻的种子已经在秋田内发芽了；另一方面可以大大提升秧苗的存活率，从而提升水稻的产量。可以说，早期的水稻种植技术基本等同于让水稻自然生长，产量无法突破且不稳定，而“别稻”技术大大提高了水稻产量，满足了不断增长的人口的用粮需要，解决了人地矛盾。水稻种植技术的演变过程正如当前的企业人效管理，一些企业人效管理也正处于自然生长状态，“只看销售额”势必导向人效管理“靠天收”的状态。

模糊的经营数据

我们在开展管理咨询项目时遇到一个很有意思的现象，而且这个现象非常普遍。当我们谈及企业的销售额和利润点时，企业家们总能脱口而出，一点不含糊。然而，当我们问及诸如“你目前所处的行业整体增长数据如何”等问题时，很多企业家便无法像谈及销售额那样侃侃而谈了。再进一步问，“你是否了解你的行业老大，你是否了解其经营状况”“你的公司历年人均销售额是多少，人均利润几何，三费占比如何，与标杆的差距在哪里”……热络的场面总在这个时候开始略显尴尬。

这种大致的、模糊的数据管理是中国企业粗放式经营的普遍特征。很多企业没有仔细地统计和分析行业数据、竞争对手数据，或者即使有统计也不关注，甚至连自己企业的数据也掌握得不全面。我们不禁想问企业家们：你们真的了解自己的企业吗？（不得不说，这种情况反倒成就了我们咨询行业。）说实话，我们并不会因为这种情况给我们创造了市场机会而窃喜，相反，我们的团队总会因此五味杂陈。

中华民族的传统文化倾向于教我们从“道”的层面、策略的层面入手去处理事务，这可能也是企业家不那么精细地关注数据的文化根因。实际上，数据管理不应该被忽视，西方的方法论总是基于数据分析进行问题的归因，这是我们应该借鉴的。老祖宗的哲学教会我们管理的基本逻辑，而数据的分析和应用可以帮助我们精细化经营，有了大量数据分析的支撑，企业的人效管理水平必然会有所提升，经营质量的提升也能有迹可循。

粗放的管理方法

可喜的是，我们通过调研也发现，一部分企业似乎意识到了人效的重要性，在日常经营中将人效作为重要的经营指标。我们所服务的一个客户就是这样的情况。在该客户的一次年中经营分析会上，有这样一段令我们印象深刻的"讨论"：

"人均利润是公司级的指标，我们每个月都有关注，经营计划部定期跟踪汇报，实际上都做了哪些工作？"总经理尤总以责问的语气问道。

"我们每个月的经营会议上都会回顾这个指标，看看每个月的变化，我们还带领各个部门把这个指标给分解下去了，人力资源部主要负责控制人员编制，生产部主要负责降低生产成本，研发部负责工艺的改善，大家各自有一个不同的指标，比如单位人工成本、人均效益等。"经营计划部张总介绍道。

"工作部署了，人员也安排了，工作量也增加了，那结果呢？"尤总若有所思地看向张总。

"我们年前的工作部署还是很周密的，但是这里面有很多矛盾点，新业务开展了还考不考虑人均利润？生产部的产能有限，是加人还是加设备？不加人的话，工作量太大，员工抱怨情绪又太重，怎么办？直接加人的话，人力资源部也不同意。而且这两年我们的业务范围越来越广，流程越来越复杂，组织越来越大，人也越来越多，越来越不好管，现有的管理人员不太合适，对外吸引不到优秀的人来，内部又没有人能顶得上来。我想，这不是经营计划部可以单一控制的，需要公司整体再来策划。"张总满脸郁闷地回答道。

尤总的责备、张总的委屈，全部在董事长李总意味深长的收尾中结束："今年我们的人均利润指标表现不太好，我想这是一个综合性的结果，是我的责任，也是大家的责任。当然，我理解，不可控的因素太多了，可能需要我们共同探讨。"

笔者在现场目睹整个讨论过程，但没有给予任何建议。单从结果来看，企业在关注人效，也采取了一些动作，遗憾的是，结果不尽如人意。问题出在哪里？首先，人效管理的方法论从来不是点状分布，而是一个系统；其次，粗放式管理在作祟，这是过去中国经济发展重速度、轻质量的"后遗症"。

不管是企业还是个人都会对过去的路径产生依赖，因此粗放式管理自然会有较大的惯性，导致企业很难在一朝一夕之间改变过去的管理方法。即使有好的指导思想，在实际执行过程中也容易大打折扣。归根结底，是企业的粗放式管理惯性造成了人效管理鲜有成效。笔者时常在想，想法与现实之间只怕也是"隔了一层可悲的厚障壁了"。

不能再被忽视的人效

人效管理的重要性就这样被掩埋了。历史向前、社会更迭、经济发展，这是不以个人意志为转移的基本规律。对于这个基本规律，我们要关注以下三个基本问题。

（1）运行的主体是什么？答案是：人。

（2）运行的基本手段是什么？答案是：提升效率。

（3）运行的动力机制是什么？答案是：需求不断产生到不断被满足的过程。

对这三个基本问题的回答，让人效管理天然具备经济运转的属性，也使之成为中国企业发展的现实需要。

不可否认，近年来中国企业取得了举世瞩目的伟大成就。数据显示，2019 年《财富》世界 500 强排行榜上的中国企业达到了 129 家，历史上首次超过美国（121 家）。这是一个历史性的变化。然而，伴随着中国企业的数量在世界级排行榜上稳步增加，人均利润并没有迎来同比例的变化。如图 1-3 所示，比较 2017 ～ 2019 年中美两国《财富》世界 500 强企业的人均利润，两者的差距并没有逐步缩小。

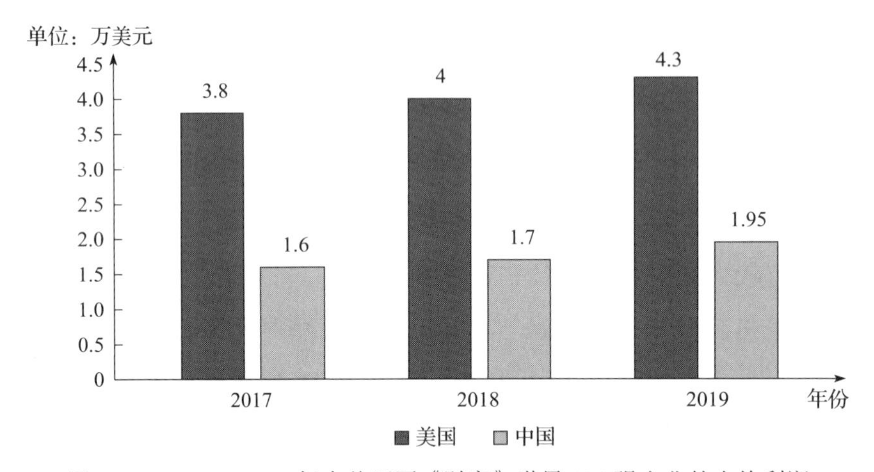

图 1-3　2017 ～ 2019 年中美两国《财富》世界 500 强企业的人均利润

这组人均利润的对比事实上反映了中国企业的经营质量不够高，质量不够高意味着生存压力大。2018 年万科的一次秋季例会在行业内掀起了巨大波澜，就因为会场大屏幕上赫然刺眼的三个大字——“活下去”。2001 年 3 月，当华为发展势头良好的时候，任正非在企业内刊上发表了《华为的冬天》。无论是万科的“活下去”，还是华为的“冬天”，都在当时引发一片哗然，很多人心中疑惑：“这样优秀的企业也有生存危机？”

不管企业多么优秀，它们几乎每一天都在为活下去而奔波和准备。尤其是面对新经济时代的到来，一切都变化得太快了，我们唯一笃定的就是提高人效，只有高人效才能帮助企业长久地活下去，并尽可能活得更好。

争取生存空间

稻盛和夫：订单锐减也不能降低生产效率

在“2016 稻盛和夫经营哲学沈阳报告会”上，日本“经营之圣”稻盛和夫在他的报告《萧条中飞跃的大智慧》中做了如下描述。

面对石油危机，许多企业解雇员工，当时我考虑无论如何也不能让员工失业，但订单短时间内骤减，如果仍由原有的人来做，就无法维持过去的高生产效率。作业效率一旦下降，再想恢复原有的高生产效率谈何容易。基于这种想法，当时我决定既然订单降至 1/3，那么制造现场的人员也减至 1/3，剩下的 2/3 人员从生产线上撤下来，让他们去从事生产设备的维修、墙壁的粉刷、花坛的整修等改善工厂环境的工作。同时，举办哲学培训班，让员工们重新从基础开始学习我的经营哲学，使企业全体员工掌握共同的思维方式。

稻盛和夫“在因萧条而减产时，也决不降低生产效率”的做法体现了优秀企业对高效率的珍视，因为企业拥有高于竞争对手的效率才能拥有大于竞争对手的生存空间。中国经济长期超过 7% 的高速增长或许会一去不复返，经济大环境倒逼企业不断地提升效率，尤其是提升人效，高人效企业才能争取到更大的生存空间。

1. 以高人效缓解人工成本压力

多年来，我国职工的工资增长几乎是刚性的，企业只能不断地加薪，这意味着人工成本在不断地增加。同时，人工成本的增长速度远高于产品价格的增长速度，导致产品价格的增长不能覆盖人工成本的增长。我国 2015 ～ 2019 年全国城镇居民可支配收入增长率普遍较大幅度高于全国居民消费价格指数（CPI）增长率和全国工业品出厂价格指数（PPI）增长率（见图 1-4），这很好地证明了上述结论。同时，

2018 年 8 月中国社保新政出台，规定社保费用由税收部门统一征收，导致社保缴纳变成了强制性缴纳。据测算，由于这一变化，企业人工成本将增加 30%。

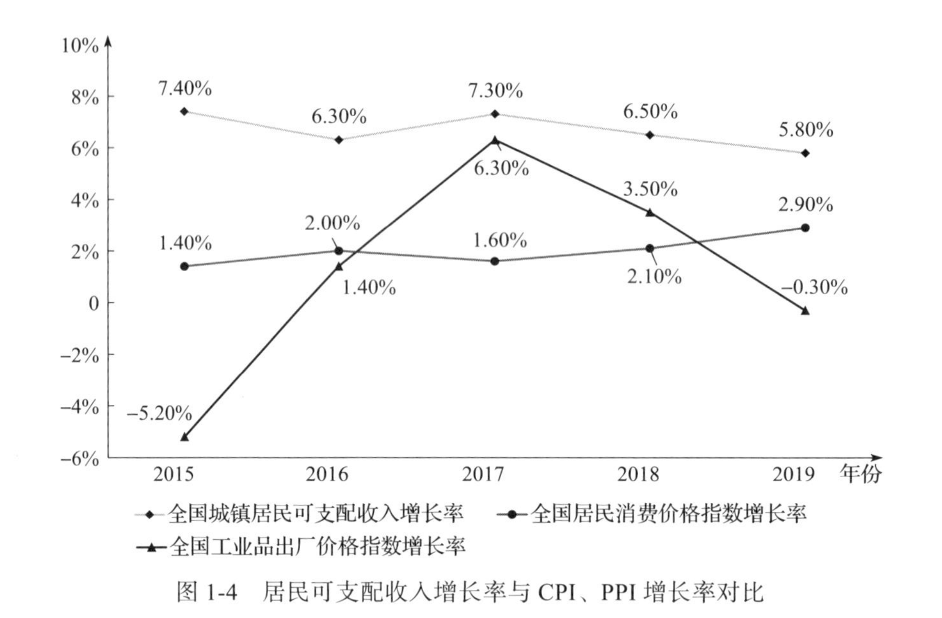

图 1-4　居民可支配收入增长率与 CPI、PPI 增长率对比

这些都表明人工成本正在不断加速地“吃掉”企业利润，企业人效不提高则意味着利润率不断降低。而提高人效几乎是企业对抗人工成本迅速增长的唯一路径，较高的人效意味着较低的人工成本率，也意味着企业拥有较大的生存空间。

2. 以高人效再造人口红利

统计数据表明，中国劳动人口规模的增长率峰值已过。如图 1-5 所示，15 ～ 64 岁人口增长率已经在 2013 年达到峰值，劳动力人口（即经济活动人口，指在 16 周岁及以上，有劳动能力，参加或要求参加社会经济活动的人口，包括就业人员和失业人员）增长率在 2016 年达到峰值，而城镇就业人口仍然保持持续增长，企业面临越来越激烈的劳动力竞争。

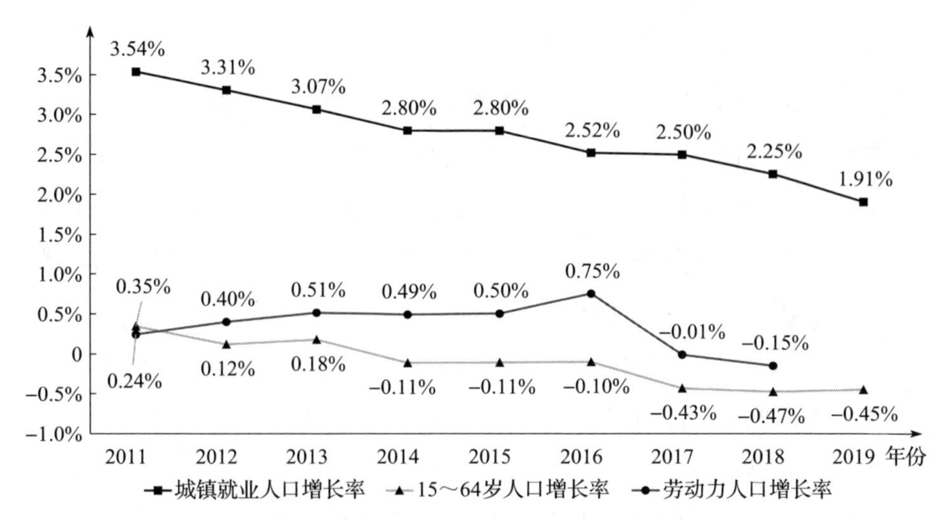

图 1-5　15 ～ 64 岁人口增长率、劳动力人口增长率、城镇就业人口增长率对比

在人口的绝对供给量方面，受计划生育政策的衍生影响，我国已进入低生育率阶段，我国人口的增长率已经开始迅速降低，如图 1-6 所示。

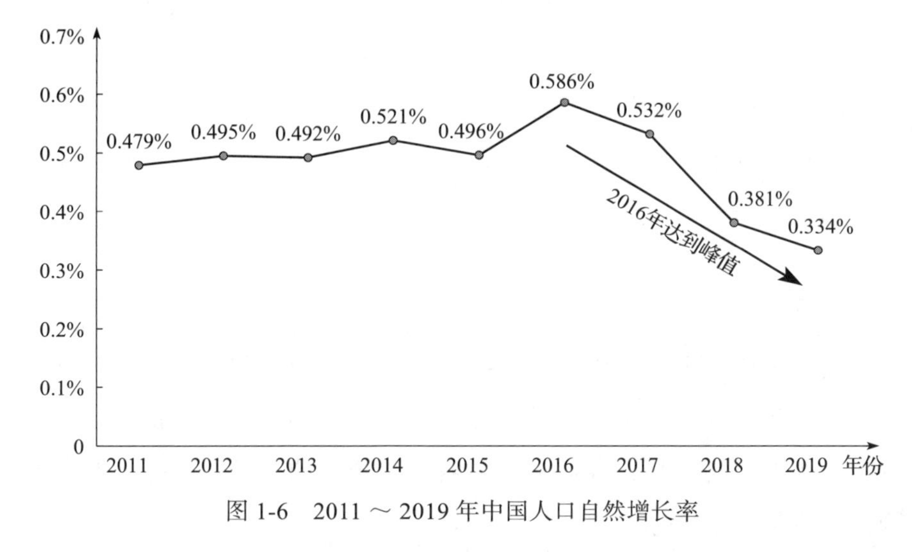

图 1-6　2011 ～ 2019 年中国人口自然增长率

以上数据表明，我国劳动力供求的格局已经发生了显著变化，传统意义的人口红利在逐渐消失。提高人效可以使对于劳动力数量的需求得到缓解，高人效在一定程度上等于再造人口红利。

3. 以高人效获取更多经济效益

马克思认为，“不变资本”（机器、原材料等以生产资料形式存在的资本）在生产活动过程中只是转移自身价值而并不增加价值，“可变资本”（以劳动力形式存在的资本）是生产活动中产生经济效益和剩余价值的根本源泉。从某种意义上说，企业要想获得更高的利润率，就必须提高人力资源的利用效率。

另外，以设备、技术代替人工虽然是生产力提升的趋势，但并不是所有企业都能够承受这样的升级。从总体上看，以机器代替人工使企业更加有利可图，技术升级等加大资本投入的方式从账面上看比加大人工投入更划算，但是资本投入在某种意义上是刚性投入，相比可以灵活处置的人工（可短期内招聘、裁减），投资门槛更高、投资风险更大。所以，同一个行业内的大多数企业在机器和技术等方面的应用程度可能并没有本质区别，任何一个企业在取得明显领先于竞争对手的技术升级前，还是主要依靠提高人力资源的利用效率来获取更强的竞争力。

以上三个方面都表明，无论在什么发展阶段，企业总能通过提升人力资源利用率来获取更多的经济效益，更多的经济效益意味着更大的生存空间。

扩大自主定价权

一般认为，自主定价权意味着企业在行业内拥有独一无二的地位，不会因为价格在一定范围内的变化而被替代。拥有自主定价权，意味着即使企业提高价格，客户仍然会购买该企业的产品和服务，而不会轻易地转向其他替代品。

自主定价权的根本来源是企业创造的经济价值（economic value created，EVC），自主定价权既包含自主提升价格的能力，也包含降低价格的能力。高人效的企业能够创造更高的经济价值，进而获得更大的自主定价权。为了弄明白这个道理，我们首先需要理解经济价值。

经济价值

经济价值的计算公式为：

$$EVC = V - C = (V - P) + (P - C)$$

式中　V——消费者感知的产品或服务的价值（value）；C——企业提供产品或服务的全部成本（cost）；P——产品或服务的实际价格（price）；$V - P$——消费者盈余，即消费者感知价值超出价格的部分，$V - P$ 越高，消费者会觉得购买该产品越值；$P - C$——企业利润，即价格超出成本的部分。

我们不难发现，只有当消费者盈余大于 0（即 $V - P > 0$）时，消费者才可能购买产品；同样，只有当企业利润大于 0（即 $P - C > 0$）时，企业销售产品才有利可图。因此，理论上讲，企业只能在 C（成本）到 V（消费者价值）之间定价，我们把这个定价的区间称为定价权，如图 1-7 所示。

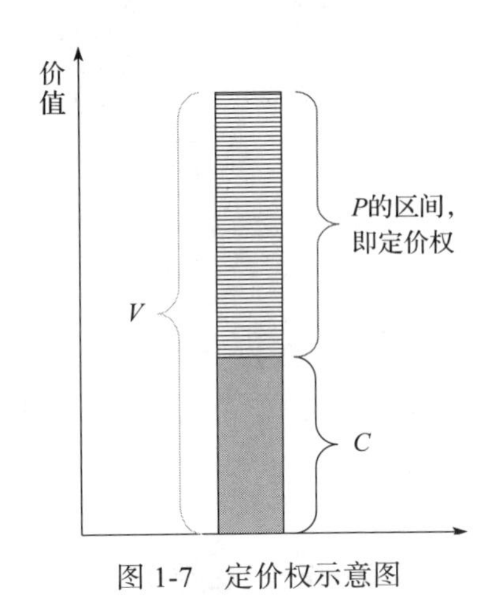

图 1-7　定价权示意图

高人效企业通常可以凭借自己的高效率来增加 EVC，即扩大定价权。高人效企业扩大定价权的五种模式如表 1-1 所示，五种模式的示意图如图 1-8 所示。

表 1-1　高人效企业扩大定价权的五种模式

序号	做法说明	竞争优势
模式一	凭借高效率，在 C 和竞争对手相同的情况下，做大 V，比如在同等成本下提供更独特、更优质的产品或体验	● 在价格相同的情况下，获得更多的客户 ● 适当提价也不会导致客户流失，能获得更高的利润

（续）

序号	做法说明	竞争优势
模式二	凭借高效率，在 V 和竞争对手相同的情况下，降低 C	• 在确保利润不低于竞争对手的前提下，以更低的价格销售产品并获得更多的客户
模式三	凭借高效率，在 C 高于竞争对手的情况下，使 V 高出竞争对手更多	• 在价格相同的情况下，获得更多的客户 • 适当提价也不会导致客户流失，获得更高的利润
模式四	凭借高效率，在 C 低于竞争对手的情况下，使 V 高于竞争对手	
模式五	凭借高效率，在 V 低于竞争对手的情况下，使 C 低于竞争对手更多	• 在确保利润不低于竞争对手的前提下，以更低的价格销售产品并保持市场占有率

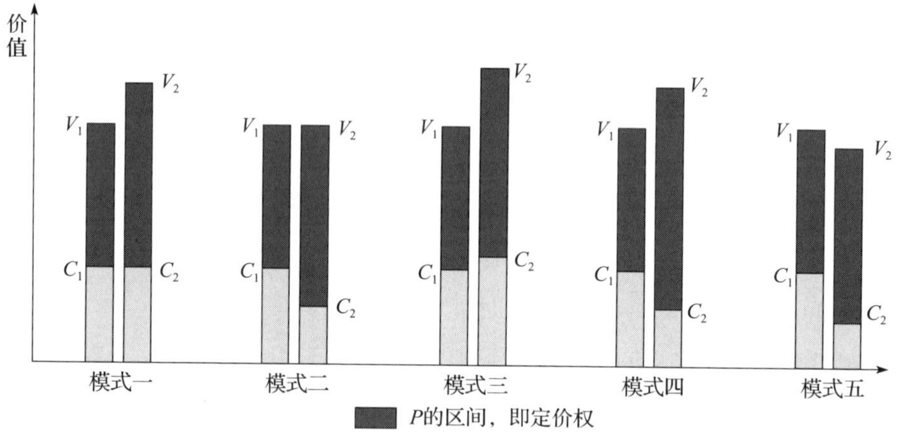

图 1-8　高人效企业扩大定价权的五种模式

由以上分析可知，高人效企业因其创造了更高的 EVC 而获得更大的自主定价权，在市场竞争中能够掌握价格主动权，这是企业竞争力的最直接体现。

获得复制和并购的资格

实现企业从小到大、由点及面的发展无疑是大多数企业家的梦想，复制和并购是实现这一梦想的基本路径。所谓复制，可以理解为通过自主投资内生式地扩大规模；所谓并购，是指通过收购其他企业来扩大规模。无数企业在复制和并购的道路上砥砺前行，但并非都能够到达理想的目的地，并购和复制失败的案例可谓比比皆是。

高人效的企业才拥有复制和并购的资格，因为只有高人效的企业才更有可能在复制和并购后造就有竞争力的企业。我们发现人效越高的企业复制和并购的成功率往往越高，同时，人效高于行业平均水平的企业才真正有资格实施复制和并购，否则很有可能导致企业整体衰落，甚至加速被淘汰的进程。因为高人效的企业往往拥有更高的经营能力，在复制和并购之后，可以把这种经营能力输入到复制和并购的企业，从而提升整体运营效率；低人效的企业开展复制和并购，往往会拉低企业的整体运营效率。只有人效高于行业平均水平的企业在复制和并购后才更有可能保证企业的效率不低于行业平均水平，才更有可能保持竞争力，具体原因如图 1-9 所示。

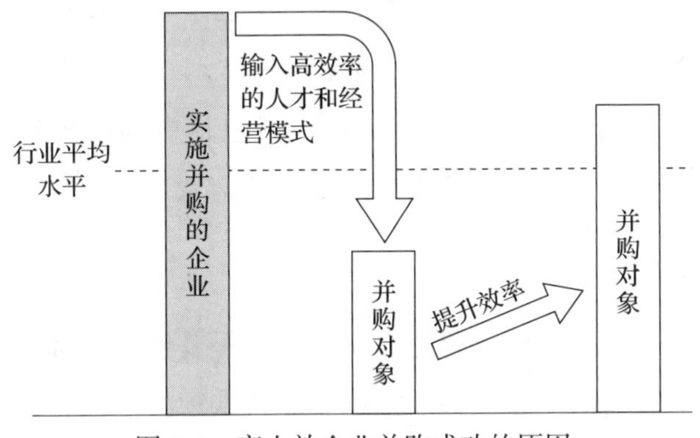

图 1-9　高人效企业并购成功的原因

沃尔玛一直在追求更高人效

2019 年 10 月，随着麦德龙被物美并购的协议落地，外资零售企业中除了沃尔玛之外，家乐福、麦德龙乃至此前的乐购、百安居、家得宝、百思买等，均已经被中国本土零售企业收购或退出中国市场。提起沃尔玛，大家的第一印象是超市，正是这家超市，自 2002 年第一次登上《财富》世界 500 强第一的宝座起，至今已 14 次获得此殊荣（2002 ～ 2005 年、2007 ～ 2008 年、2011 年、2014 ～ 2020 年）。

从 2005 年开始，电商行业的发展让越来越多的商品由线下实体门店销售转为线上销售，这种售卖方式逐渐改变了老百姓几百年来的消费习惯，越来越多的消费者更愿意选择在线上下单后由物流配送到家的购物方式。以超市为主要业态的沃尔玛，门店经营状况受到前所未有的冲击，虽然其新店也在以每年30家左右的速度在全国铺设，但是不盈利的门店越来越多，线下销售业绩持续下滑。随着中国经济的快速增长，用工成本和房租这两项费用的占比越来越大，沃尔玛在中国市场的业务陷入困境。

2013年，为了转危为机，力求生存，沃尔玛明确了“省钱省心好生活”的使命，公司明确了未来的战略方向。同时，沃尔玛将人效提升作为未来30年在中国业务发展的重心，这也是它实现可持续发展的必由之路。自此，无论是总部还是一线业务单元，沃尔玛推行的所有变革都围绕人效提升来制定变革举措，内容包括更高的销售收入、更低的采购成本、更有竞争力的价格以及更低的运营成本。

1. 做强销售，扩大收入

沃尔玛首先通过调整合理的商业布局来提升销售业绩。实施的举措有：①关闭不盈利的门店，减少亏损；②改造现有门店，提升顾客购物体验，带来更大的客流量；③继续谨慎开设新门店，增加盈利。

商品结构调整是提升销售的铺路石。实施的举措有：①减少门店15%的商品品类，降低库存，增加畅销商品的品种数和它们在品类中的结构比重，提升商品周转率；②增加自有品牌商品，提升毛利率；③开展鲜食再造工程，提高生鲜商品的销售比重，通过生鲜商品带动人气、增加客流量、拉升销售。

商品价格是提升销售的原动力。实施的举措有：①撤销各省市采购办公室，将地方采购转变为集中采购，运用规模效应降低商品采购价格，从而用比竞争对手更低的售价吸引顾客、提升销售；②整合供应商资源，减少同品类商品的供应商，尤其是粮油米面之类的民生商品，地区差异性小，选择最优的一两个供应商，不仅能保证商品品质，还能大幅降低采购价格，从而提升销售，每年仅粮油米面四类商品就给公司节省近亿元的费用；③农超对接让消费者犹如在农民的地头选择生鲜产品，不仅节省了中间商的流转费用，也让商品的新鲜度大幅提高，提升了消费者的满意度；④精准的订货系统减少了订货不合理造成的浪费，也降低了营运与采购、采购与供应商之间的沟通成本，让采购环节更简捷。

提升销售是每个人的责任。实施的举措有：①将销售目标与每个人的奖金挂钩，营造人人为销售的氛围，让每个员工都将提升销售作为自己的责任；②设置可比店互帮互助，相互学习，共同提升。

2. 精打细算，降低成本

（1）人力管理是降低成本的关键。零售业的人力成本是所有可变成本中最高的，因此对于人力成本的管控显得尤为重要。沃尔玛通过一系列人力资源方面的举措，将人力成本维持在合理水平上，让销售业绩下降的门店依然保持盈利。主要措施有：①改变用工结构，扩大灵活用工规模，使其占比达到 40%，有效降低用人成本；②调整组织架构，减少管理层级，成立共享服务中心，优化岗位设置，减少 1/3 管理岗，员工人数下降 50%；③持续进行人员优化，不断提升员工素质，通过轮岗等方式加速人才成长，使人岗匹配度达到 100%。

（2）标准化是降低成本的利器。连锁行业的标准化程度越高，运营成本就越低。沃尔玛的标准化已无所不及，小到一张表格，甚至向别人介绍自己的话术，都是统一的。标准化主要体现在以下几个方面。①每个岗位都有自己的工作清单，工作清单能有效地指引员工的日常工作。新员工或转到新岗位的员工，只需简单地接受一些培训，参照清单要求，便可以顺利完成每天的工作，工作清单让员工第一次就把事情做对。②商品流程简化 1/3。让商品从进入商场到送达消费者手中的整个过程更简捷、更清晰，不仅可以节省大量的人力，还可以让商品价值得到更多的提升，减少过期商品，降低损耗。③简化管理流程，明确审批权限，跨店转职一个员工由原来需要10位管理者签字简化至4位，大大降低了管理成本，提升了工作效率。④高手在民间。员工是公司最大的财富，在员工中收集新点子、好点子，任何员工（包括实习生、兼职员工）都可以向公司提建议，可通过管理层、HR，也可以通过邮件、信箱、热线电话将好点子告诉公司。对于被采用的好点子的提供者，公司会有相应的激励机制，还会开展诸如评选“点子大王”之类的活动，特别出色的员工会被邀请参加公司的年会。这样的制度让每个员工都为公司贡献智慧，不仅提升了员工的参与度、存在感，也让员工获得了尊重。

（3）预算管理确保目标达成。精准的预算及在实施过程中的有效落地，是确保目标实现的根本。沃尔玛通过将各项费用每周或每月预算的完成情况与销售指数对比，及时发现问题并加以分析，提出具体的改进方案，随时纠偏；通过时时关注预算，保证各项费用的合理支配，进而确保公司整体目标的达成。

经过坚持不懈地推行人效提升的一系列变革，沃尔玛在零售市场四面楚歌、十面埋伏的情况下，依然经营有道，立于不败之地，并且在2014年重新回到《财富》世界500强第一的位置，至2020年已连续七年屹立不倒。持续提升人效是沃尔玛的制胜法宝。

■ 关键发现

- 超过半数的中国企业人效管理处于“靠天收”的自然生长状态。
- 中国企业的粗放式管理是中国经济发展历程为其打上的深深烙印。
- 高人效帮助企业最大限度地争取生存空间。
- 高人效是企业复制和并购的前提。
- 高人效可以帮助企业抢占自主定价权。
- 优秀企业都以自身经营能力的确定性应对外部环境的不确定性。

Champions of
Labor Efficiency

第 2 章

人效冠军画像

事实上我们公司也存在泡沫化，如果当年我们不去跟随泡沫也许当时就会死掉，跟随了泡沫未来可能会死掉。我们消灭泡沫的措施是什么？就是提高人均效益。

——任正非

寻找人效冠军

投身咨询行业 15 年，我们一直在思考咨询的真谛究竟是什么。最近几年，我们越来越感觉到，帮助企业高质量地增长应该是咨询顾问的主要追求之一。随着我国经济进入“新常态”“从高速增长转向高质量增长”，作为微观经济主体的企业也应该转向“高质量”增长。

我们发现，人效可以作为反映企业增长质量的关键指针，在企业规模扩大的同时，人效也在同步提高，这样的增长才真正可能是高质量的增长。事实上，人效也确实能够反映组织创造价值或效益的能力，高人效的企业更能够掌握竞争的主动权，更能够在扩张的时候拥有更高的成功率，也更能够在行业动荡时拥有更强的应对挑战的能力，长期保持高人效的企业通常也是长期保持卓越运营的企业。

由此，我们对人效产生了越来越浓厚的兴趣，并且开始围绕人效展开一系列研究。在这个过程中，我们成立了一个研究小组，深入研究了一些人效持续领先的企业——我们称之为“人效冠军”，希望通过找出它们的某些共性来揭示提升人效、保持高人效的可供借鉴的方法。在寻找人效冠军的过程中，研究小组进行了反复而充分的思想碰撞和深入探讨，反复确认选择人效冠军的标准，力求选出来的企业是经得起推敲的真正的人效冠军。

1. 聚焦于中国企业

我们曾尝试将研究对象定位为全球的领先企业，但是最终放弃了这个想法。一方面，我们将本书的读者群体定位为中国的企业家和高管，聚焦于中国企业将更有现实意义。另一方面，从务实的角度出发，研究范围的缩小让我们更有可能做深入研究。

同时，作为例外，我们把沃尔玛（中国）也纳入了研究范围。沃尔玛（中国）堪称国内零售行业的人效标杆，作为连续七年排名《财富》世界500强首位的优秀企业，沃尔玛的经营管理理念与实践经验值得国内很多企业研究和学习。

2. 聚焦于上市公司

在研究可行性上，上市公司的信息和经营数据相对非上市公司来说更容易获取，也更加全面，中国企业公开发行股票的规则也帮助我们筛选出了那些优秀企业。

作为非上市公司，华为虽然没有上市但是长期坚持发布年报，披露各项经营数据及企业信息，财务信息公开、透明，具有较高的研究价值，因此被纳入我们的研究范围。

3. 行业选择标准

（1）行业分类标准参照 Wind 数据的行业分类，为了确保企业之间的可比性，我们选择 Wind 数据中行业分类的四级标准来作为划分行业的标准。

（2）为了聚焦于企业本身的经营能力，挖掘人效冠军的真正成因，我们排除了资源型、垄断型、政策导向型、资本导向型、社会服务型行业。

（3）通过多次反复筛选，我们尽量保障处于细分行业内用来进行对比的企业之间的产品和服务的差异不大。

（4）为了保持企业之间对比的科学性，我们也对细分行业做了限制。我们只选取了 Wind 数据行业细分标准的三级行业中，企业数量大于 30 家的行业（非 A 股上市的国内龙头企业较多的行业除外，例如保险行业）。

（5）经过以上标准筛选后，该细分行业所剩企业大于 3 家。

（6）在同属一个三级行业的四级行业中，我们聚焦于企业数量最多的四级行业。

（7）最后，我们还排除了其中有多家未在 A 股上市的国内标杆企业的行业。

4. 人效冠军选择标准

（1）公开披露企业经营数据 5 年以上，即上市时间长于 3 年。

（2）近 5 年营业收入规模为 10 亿元以上。聚焦于具有一定规模的企业，因为这些企业在管理规范化程度上已经有较高水准，它们取得成功通常与自身的精益管理及经营能力紧密相关。

（3）近 5 年没有亏损。

（4）人均净利润连续 5 年在细分行业内排名前 5。通过拉长考察时间，过滤掉个别企业，避免研究结论受到短期绩效的影响，揭示持续保持高人效的真相。

（5）2018 年人均营业收入达到 80 万元以上，人均净利润达到 15 万元以上。这一条标准主要是为了排除一些“小而美”的企业的特殊情况。

（6）当某行业存在公认的标杆企业，而该行业中又没有满足上述条件的企业时，将时间跨度调整为近 2 ～ 3 年。

基于以上筛选条件，我们找到了一批人效冠军，并通过反复的对比研究，最终选择了 12 家企业作为我们深入研究的对象，它们是（排序不分先后）：

- 珠海格力电器股份有限公司。
- 万华化学集团股份有限公司。
- 中国平安保险（集团）股份有限公司。
- 招商银行股份有限公司。
- 迈瑞医疗国际股份有限公司。
- 江苏恒瑞医药股份有限公司。
- 三一重工股份有限公司。
- 山东太阳纸业股份有限公司。
- 浙江森马服饰股份有限公司。
- 华为技术有限公司。
- 海底捞国际控股有限公司。
- 沃尔玛（中国）投资有限公司。

确定人效冠军后，我们开展了大量的信息搜集、整理、研究、研讨工作，并寻访人效冠军的内部人员，对他们进行访谈和验证。基于深入研究，我们发现人效冠军在经营管理上存在一些共性特征。为了将这些共性特征更清晰、结构化地呈现出来，研究小组通过反复归纳、总结、建模、验证、研讨……最终提炼出下述共性特征模型，我们称之为“人效冠军画像”(见图 2-1)。

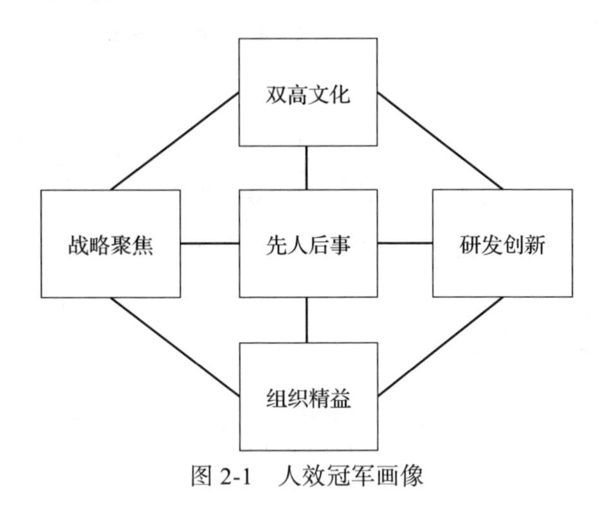

图 2-1　人效冠军画像

先人后事

我们发现，人效冠军都在践行先人后事的管理理念。

先人后事，就是优先选择合适的人，强调“人才第一，战略第二”。从事人力资源管理咨询和研究十多年，我们深知，“人才跟不上业务的发展”已成为很多企业的共同痛点。当海底捞发展到 50 家餐厅时，董事长张勇发现，用以往较为放任的管理方式来应对超过 50 家店面的运营显得非常吃力，优秀的店长不一定能够成为优秀的中层管理者，在短时间内也难以找到优秀的店长，人才跟不上企业高速的增长。面对“人才跟不上业务的发展”的窘境，企业要么放弃一些业务，要么雇用更多的普通员工勉强维持，最终结果是拉低了企业的人效，使企业损失掉本可以获得的高利润。人才是执行战略的主体，如果企业人才团队达不到要求，再好的战略也难以被成功执行。

由此可见，先人后事是人效冠军“不得不”采取的举措。事实上，先人后事也确实是人效冠军保持长期卓越经营的核心原因之一。

践行先人后事能够帮助企业在当今这个“人”的时代，通过人才的领先来实现人效的领先，进而驱动企业获得持续的竞争优势，最终取得商业成功。只有合适的人才能真正为企业创造利润，合适的人占比越高，企业的人效也就越高。

微软首席技术总监内森·梅耶·沃德曾说："顶级软件开发人员比一般软件开发人员的生产力不是高出 10 倍或 100 倍，而是高出 1000 倍甚至 10 000 倍。"事实上，随着时代的发展，企业各岗位的工作复杂程度在不断提升，优秀员工和一般员工的业绩差异呈现不断扩大的趋势，员工的价值创造分布也随之呈现出"80-20 现象"——总数的 20% 的优秀员工贡献了 80% 的价值（见图 2-2）。拥有更高比例优秀人才的企业能够通过雇用更少的员工来创造更高的价值，赚取比同行更多的利润，呈现高于同行的人效。

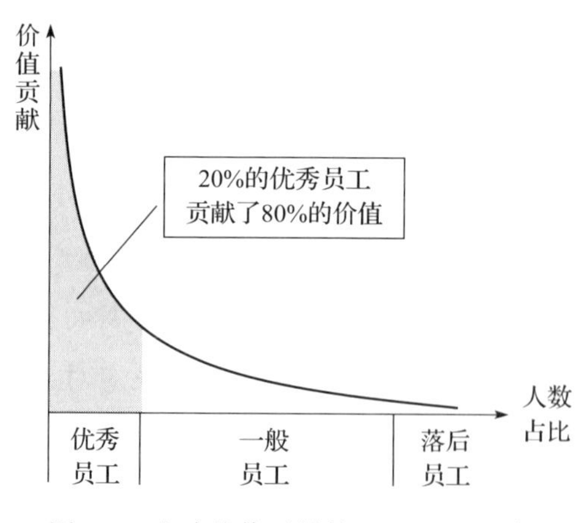

图 2-2　人才价值贡献的"80-20"现象

人效冠军都有一套系统性的管理方法来使先人后事落地，先人后事并不只是理念或口号。任正非曾说："企业的核心竞争力不仅是人才，而且是培养和保留人才的能力。企业持续发展的动力问题不是人才的问题，而是利益分配的问题。"

人效冠军先人后事落地的方法，可以总结为：战略上践行人力资源领先战略，战术上推行 345 薪酬体系。

人力资源领先战略是指在企业的技术、资金、设备、产品、品牌、市场、人才等各种资源当中，企业家要优先投入和发展人力资源，并在创业初期就确保人力资源要素的先进性，以此获得持续的竞争优势，取得成功。一个企业优先投入和发展人力资源，相比优先投入其他资源（比如设备、技术、成本或市场），有事半功倍的效果。

345 薪酬体系，可以直观地表述为：给 3 个人发 4 个人的薪酬，让他们创造出 5 个人的价值，即通过给予少数优秀的人才更高的激励，激发他们创造更高的价值。345 薪酬体系不是简单地解决如何给员工定薪和发薪的问题，而是在企业内部建立一套支持企业高价值产出、不断迭代优化的人才管理体系。345 薪酬体系包括三大方面的内容：首先，精准识别和选择高价值创造者，坚决淘汰不合适的人；其次，对合适的人加大激励，从而激发其创造高价值的动力；最后，通过不断变革和组织精益让组织持续实现高价值创造。

战略聚焦

战略聚焦，就是一旦选定赛道和机会点，企业就集中力量在一个领域不断做大做强，并时刻以“聚焦”来抑制扩张的冲动。只有将优势力量集中起来，践行长期主义，形成相对竞争优势，企业才能提升人效，获得商业成功。聚焦战略的执行，需要足够的勇气、定力和智慧，并不是所有企业都能一以贯之地执行，很多原本非常优秀的企业因为战略定力不够、贪多求全而失去了发展良机。

华为成立至今 30 多年，崛起于中国经济的大发展时代，面对大量“赚大钱”的机会，华为始终坚守本心，坚持“主航道”战略。

1994 年，任正非提出振聋发聩的 10 年狂想：“10 年之后，世界通信行业三分天下，终有华为一席。”当年华为的产值为 100 亿元左右，员工约为 8000 人。这一年，华为的研发经费是 88 亿元，相当于 IBM 的 1/60，相当于朗讯的35%；这一年，华为的产值是IBM的1/65，是朗讯的4%。

从此，华为聚焦于“世界通信行业”，艰苦奋斗近30年。2001年，任正非曾阐述道：“华为从创建到现在，实际上只做了一件事，即义无反顾、持之以恒地专注于通信核心网络技术的研究，始终不为其他机会所诱惑。而且即使在核心网络技术中，也在通过开放合作不断剥离不太核心的部分。”虽然2011年华为成立了运营商网络业务、企业业务、消费者业务三大业务运营中心，但依然坚守战略聚焦，华为轮值首席执行官（CEO）徐直军就这个话题曾说过这样一段话：“目前，从展开业务之后，公司的主旋律是聚焦，聚焦一个方面是产品，方向就是管道战略，核心还是围绕管道来做，无论是终端业务、企业业务、固定和移动宽带业务，还是数字解决方案等，整个公司的所有产品都要聚焦到管道上来。产品和技术上都要聚焦于管道。客户和区域上我们也要聚焦。企业业务我们就聚焦在20多个国家和两个区域，两个区域就是欧洲和中国。终端业务也要区域聚焦，我们选一些量大的国家做好。因此，未来一段时间内我们不会有太大的改变，业务范围只会进一步聚焦，组织形态也在优化。”

不只是华为，人效冠军几乎都是战略聚焦思想的践行者，如表2-1所示。

表2-1 人效冠军的战略聚焦

企业	战略聚焦表现
森马服饰	聚焦于服装领域，并且“将短板交给别人，森马致力于把自己的长板做得更长”
格力电器	聚焦于白色家电行业，并牢牢抓住空调这一核心
万华化学	长期聚焦于MDI（化学名为二苯基甲烷二异氰酸酯，是生产聚氨酯的主要原料）行业，围绕MDI进行上下游延伸
三一重工	聚焦于以“工程”为主题的装备制造
迈瑞医疗	始终聚焦于医疗器械行业，长期坚持从单一产品到多元产品、从国内市场到全球市场、从低端产品到高端产品的产业升级路线
恒瑞医药	长期专注于创新药领域，同时在创新药领域主攻抗肿瘤药
太阳纸业	秉承“不忘初心，坚守主业”的发展理念，把造纸做精、做强、做到极致；在坚守主业的基础上拉长产业链条，实现产业链上产品的多元化

（续）

企业	战略聚焦表现
中国平安	1988 ～ 2018 年这 30 年间，始终以保险为核心，不断完善综合金融与科技布局
海底捞	专注于火锅餐饮业，聚焦于用个性化的服务提升客户体验
招商银行	2004 年年报中最早明确提出“将零售银行业务作为发展的战略重点”“重点发展中间业务、零售业务”。2019 年，第 10 次被国际权威财经杂志《亚洲银行家》评为“中国最佳零售银行”，第 15 次被评为“中国最佳股份制零售银行”
沃尔玛	1945 年山姆・沃尔顿以一家单一的廉价商品店起家，用了 25 年的时间，始终坚守在连锁零售行业，将一家单一的廉价商品店发展成为拥有几千家沃尔玛店的大型连锁公司

“战略聚焦是不是就意味着限定了企业进入的行业和开展的业务，某种程度上来说就是选定了人效的天花板？因为不同行业、不同业务模式之间人效水平高低是客观存在的，越往后企业人效提升的空间就越小。”这是很多人的疑虑。

但是，人效冠军的实践表明，战略聚焦能够帮助企业在行业内获得更强的竞争优势、不断获取超高人效，并通过战略能力延伸不断突破天花板，从而为企业赢得了更广阔的发展空间和更高的人效前景。

人效冠军不仅践行聚焦战略，还通过强大的战略管理能力真正将聚焦战略执行落地，这也是其实现高人效的关键。战略聚焦是定力，战略管理是执行力，战略管理水平将直接影响企业战略目标的实现，进而影响人效。良好的战略管理能力，意味着企业能够洞察内外部环境并确定正确的发展方向，提高战略与市场环境的匹配度。良好的战略管理能力，还意味着企业的战略目标在内部实现了层层分解落地，并与日常的经营计划紧密结合在一起，定期跟踪、纠偏、复盘，以实现企业上下对目标理解的清晰一致和高效达成。

组织精益

人均效益提升的基础是有效增长。加强组织优化和人员调整：公司须在一两年内消除臃肿的各级支撑组织，大力精减支撑人员，这里面可以挖掘出很大的人均效益提升空间。

——华为·EMT（经营管理团队）纪要 [2008]037 号

由于标杆企业的示范作用，现如今，每家企业或多或少都在通过改善组织运作效率来提升竞争力。而在组织塑造方面采取有效措施，确实也能在人效提升方面产生立竿见影的效果。为了应对 2010 ～ 2012 年新成立四个生产基地引发的人效严重下滑，格力电器在 2013 年开始实施大部制整合等一系列增效改善活动，并于 2013 年年底将当期人效水平提升了近一倍，人均利润达到 15.07 万元。

组织精益就是努力让组织变得更精简、更高效、更能服务于客户。为实现组织精益：一方面，要剔除影响组织效率的障碍，不断提升组织效率；另一方面，要确保效率的提高是围绕提供更好的产品和服务来展开的。人效冠军非常关注并持续推进组织优化，通过不断的转型和变革来提高组织效率。

实现组织精益的一个重要方法是组织瘦身。导致低人效的是组织因素，包括组织肥胖、分工过细、后台臃肿、组织复杂等，具体表现为企业部门多、管理层级多。过多的部门及层级人为制造了部门墙、官僚主义等壁垒，增加了跨部门合作、上下级请示沟通的时间和难度，降低了组织效率；过多的部门及层级，还会导致岗位膨胀、编制膨胀，造成人浮于事，降低了企业的人效。通过组织瘦身能够有效避免以上问题的累积。

人效冠军通过定期开展组织瘦身来保持高人效，其主要举措包括：加大管理幅度，压缩管理层级；精简组织，裁撤部门与岗位；合理授权，集分权张弛有度等。

招商银行：打造“轻组织”

招商银行在 2014 年对组织架构、体制机制进行了大幅度的变革，这次变革是其“轻型银行”变革的重要一环。

轻型银行的“轻”，主要在于“轻资产”和“轻组织架构”。而招行此次组织变革的总体方向正是打造“轻组织”，其具体做法是：“最大限度地压缩管理层级，减少中间环节。总分行两级不能只是履行管理职能，而要根据客户和业务特性，组建专业团队直接‘下地耕种’，形成覆盖总分支行三级、立体式的客户服务体系和利润中心。”招行总行的组织架构经调整和梳理后形成零售、公司、同业三大业务条线，其中零售是“体”，公司和同业作为“两翼”，形成了所谓的“一体两翼”的布局。

通过组织精益提高人效的另外一个重要方法是给组织上规矩。人效冠军基本都是通过严格执行标准化的管理体系来保障组织效率，并持续审视、优化这个体系，以达到给组织上规矩的目的。华为通过流程化实现标准化，用信息化保障流程化，进而实现组织精益，这一做法被广泛地研究和学习。

华为：打造流程化组织

华为采用的是矩阵式组织模式，它也深刻地认识到了矩阵式组织的弊端，比如层级过多、多头管理、机构臃肿、人浮于事、推诿扯皮等。为此，华为下决心通过构建流程化组织来克服这些弊端。

华为从 1998 年开始聘请 IBM 进行流程改造，包括集成产品开发（IPD）、集成供应链（ISC）、客户关系管理（CRM）等，开启了构建流程化组织之路。到了 2003 年，华为发现当时的业务流程是一段一段的、零散的，没有形成一个高效的系统，于是又以客户为中心开始构建 IPD、LTC（机会至收款）、ITR（售后）三大流程体系。经过十多年的努力，三大业务流程体系及信息化支撑体系基本打通，并日趋完善，体现出强大的经营支撑能力。

华为的流程化组织，简单说就是基于流程来分配权力、资源以及责任的组织。华为构建流程化组织的终极目标是满足客户需求，是为一线作战服务，流程是手段，支撑一线、服务市场才是目的。华为的流程化组织有三个重要特征：一是流程承载的是业务，服务的是目标导向，不可以彰显权力；二是流程的目的是服务客户，所以流程是第一位的，组织是第二位的，是流程调用组织，而不是组织调用流程；三是流程化组织得以实现和高效运行的背后，是强大并持续优化的信息化基础。

研发创新

1988 年 9 月，邓小平同志根据当代科学技术发展的趋势和现状，在会见来华访问的捷克斯洛伐克总统胡萨克时提出了“科学技术是第一生产力”的论断，当今社会的发展、国与国之间的角力、企业与企业之间的竞争都在不断证明这一论断的正确性。技术，对于企业来说是提升其生产力的裂变器，对于企业人效的提升具有显著的加速作用。

格力电器董事长董明珠说过：“一个没有创新的企业，是一个没有灵魂的企业；一个没有核心技术的企业，是没有脊梁的企业，一个没有脊梁的人永远站不起来。”我们研究的这些人效冠军都非常重视研发创新，坚持用长期的研发创新高投入来保持企业长期的竞争优势（见表 2-2）。

表 2-2 人效冠军的研发高投入

企业	研发高投入
迈瑞医疗	● 2015 ～ 2017 年，研发投入占比（研发投入占销售额的比例）分别为 12.33%、12.06%、10.13%，该比例已经超过多数国际巨头 ● 在全球布局八大研发中心，公司研发人员共有 2 258 名，占公司总人数的比例达到 24.45%，其中硕士及以上学历人员占比为 59%，大学本科学历人员占比为 36%
恒瑞医药	● 每年研发费用占销售额的 10% ～ 15%，2018 年公司累计投入研发资金 26.7 亿元，比上年同期增长 51.8%，研发投入占销售收入的比重达到 15.3% ● 截至 2018 年年底，有各类研发人员 3 000 多名，其中有 2 000 多名博士、硕士及海归人士

（续）

企业	研发高投入
格力电器	● 提出研发经费“按需投入、不设上限”，仅 2018 年研发投入就达到 72.68 亿元 ● 2018 年，拥有技术研发人员 11 808 人，近年来研发技术人员占比持续保持在 10% 以上
万华化学	● 每年将销售收入的 4% ～ 5% 用于研发，近年来年均研发投入超过 12 亿元
森马服饰	● 2018 年研发投入占比为 2.318%，而同一年海澜之家的研发投入占比仅为 0.257%
华为	● 坚持将每年收入的 10% 以上投入到研发中 ● 2014 ～ 2018 年华为的研发投入占比一直维持在 14% 以上，近 10 年累计投入的研发费用超过 4 800 亿元 ● 2018 年研发投入达到 1 015.09 亿元，占全年收入的 14.1% ● 研发人员占比常年维持在 45%，2018 年研发人员总数超过 8 万人

在研发创新方面的持续投入，是人效冠军能够崛起并长期保持强大竞争力、获得高人效的关键。它们中的很多企业，创建之初地位非常低，有的甚至濒临倒闭。比如，太阳纸业成立之初就是一个村办小厂，格力电器、恒瑞医药、万华化学、招商银行开始时就是微不足道的地方国企（集体企业），华为更是只以 2 万元起家。为什么这些出身并不高贵显赫的企业最终能够成长为如今行业内的明星企业，甚至是一方霸主？持续坚持研发创新的投入，是其能够占据今天地位的重要法门。

万华化学：研发创新带来企业的崛起

1983 年，万华化学从国外引进的生产量达 1 万吨 / 年的 MDI 生产线正式投产，由于不掌握技术，每年的产量只能达到五六千吨。于是万华化学千方百计地引进技术，培训人才，努力提升产量。但是四年后，国外巨头看到了中国市场的这块肥肉，决定在中国建厂。

面对强大的竞争对手，万华化学没有放弃，十年如一日，联手国内高校开展艰苦的技术攻关。1998 年，这条十多年来从未达到年产量万吨的 MDI 生产线，产能终于提升到了 1.5 万吨 / 年，这标志着万华化学消化、吸收了引进的技术，并使之产生了高能量。尝到自主创新甜头的万华化学继续发力，不断进行MDI技术突破和研发创新，对产品和生产工艺不断迭代升级，实现了MDI产能从2万吨/年到260万吨/年的提升。

可以说，技术突破之路就是万华化学MDI生产线的产能扩张之路（见表2-3），也是万华化学的崛起之路。

表2-3 万华化学MDI产能与技术进步

代际	年份	技术进步	MDI年产能
引进摸索	1984～1993年	间歇工艺，10年未达产	不足1万吨
第一代	1993～1998年	连续釜式光气化技术初步突破	突破1万吨
	1999年	连续精馏技术突破	突破1.5万吨
第二代	2000年	半连续缩合技术开发成功	突破2万吨，维持在2万～4万吨
	2002年	精馏结晶一体化技术、釜式高效光气化技术开发成功	突破4万吨，维持在4万～8万吨
第三代	2005年	连续缩合技术、年产16万吨MDI成套技术开发成功，并实现产业化	达到28万吨
第四代	2007年	高效液膜射流光气化技术开发成功，单套规模可达20万吨以上，实现废盐水回收利用	达到40万吨
第五代	2009～2016年	重力缩合反应技术、新型光气化反应技术，单套反应系统达40万吨以上	达到164万吨
第六代	2017年至今	（1）本质安全的光气化分解系统，系统有害物质总量减半 （2）系统高度自动化，一键开停车和产品调整 （3）全系统可靠性提升，维护间隔提升一倍以上	达到260万吨

持续的高投入是人效冠军在研发创新方面最直观的特点。除此之外，人效冠军的研发创新还具有以下特点：研发创新以市场为导向、以客户为中心；建立高效的研发体系，实现研发过程从分散到集成化的转变，确保高效率；强调全员创新，塑造良好的全员创新的氛围。

双高文化

企业文化是企业的灵魂，是推动企业发展的不竭动力，是企业持续提升人效的长期驱动力。国内外的诸多实证研究都发现了优秀企业的成功方程式中必有“文化”的作用。比如，汤姆·彼得斯在《追求卓越》中指出，43 家卓越企业都有着“宽严并济”的文化；吉姆·柯林斯在其巨作《基业长青》中指出，那些伟大、长青的企业都拥有“教派般”的文化；哈佛商学院院长尼廷·诺里亚等学者用 10 年时间分析全球 200 家成功企业的关键成功因素，“业绩文化”是关键因素之一。

我们发现，人效冠军的企业文化具备高严格和高关怀的特点，即我们所称的“双高企业文化”。

“高严格”，就是企业为了实现高远的目标和追求，对不遵守内部规章制度、违背价值观行为的零容忍，致力于将企业打造成一个精密的组织仪器，使其顺畅、高效地运行。更重要的是设置高目标、高要求去牵引员工行为。这种文化下的员工更像是被某种精神魅力集结在一起，从加入公司开始就自然被赋予强烈的责任感和使命感，形成一种向上的工作氛围，每个人都持续热情地投身到同一事业中。

“高关怀”是指基于员工能力给予富有竞争力的薪酬，帮助合适的人快速实现职业发展，对员工充分尊重、信任和授权，同时不断关注和帮助员工成长。

双高文化要求企业一手“高严格”，一手“高关怀”，两手都要抓，两手都要硬。这种文化特点是最能提升人效、成就人效冠军的文化。高严格能够促进员工、组织具备更高的执行力以达成更高的目标；高关怀能够让员工、组织持续保持高敬业度和积极性。

华为的企业文化就是典型的双高文化。华为的奋斗者文化、“狼性”文化被世人熟知，这是其文化中“高严格”的一面。另外，华为也非常关注员工关怀。华为每年的年报都会用单独篇幅介绍关爱员工的举措，2018年的年报有这样的描述："华为充分尊重员工的利益，关注企业与员工的共同成长，为员工创造公正和公平的成长环境。我们致力于为员工营造高效、轻松和充满关爱的工作氛围，让员工在获得合理回报的同时，拥有快乐和丰富的生活。"在高关怀方面，华为有实实在在的措施，"不让雷锋吃亏"的理念、被外界羡慕的美味食堂、让前CEO担任"首席员工健康与安全官"、实行员工"健康积分制"、在多个研究所建立健康中心等。

双高文化的高严格和高关怀强调的文化特征，是一种看似矛盾却又很好地融合在一起的行为模式，而不是要求企业执行某种固定的做法。华为的双高文化，我们称之为"快乐的奋斗者"文化；我们把"信任下的零容忍"视为沃尔玛双高文化的重要体现；"一手抠门，一手大方"则是我们总结的万华化学双高文化的最大特色。这种辩证下的两面性是很多人效冠军文化的特点。我们在本书第7章中详细介绍了这三家企业的做法，相信这样的介绍能够帮助读者更好地理解"双高文化的高严格和高关怀强调的是文化特征"这句话的内涵。

在整个"人效冠军画像"中，战略聚焦、研发创新是经营保障，决定了人效冠军的运作效益；双高文化、组织精益是管理保障，决定了人效冠军的运作效率。要让人效冠军在经营和管理两方面都实现高质量运作，其核心则是先人后事，它影响上述四个要素执行的优劣，也通过这四个要素的落地状态决定了人效冠军人效水平的高低。应该说，上述五个方面的要素共同支撑了人效冠军的高质量发展，也是其他企业提升人效的努力方向。

如何衡量人效

我们在寻找人效冠军的时候，使用了"人均净利润"这一指标来衡量各企业人效水平的高低。而事实上，表征人效的指标还有很多，比如人均销售额、人工成本产出率等。企业在评价人效水平时，可以根据自身的经营特点及实际需要选择合适的人效指标。

最常用的四项人效指标

在管理实践中，企业最常用的人效指标是人均净利润、人均销售额、单位人工成本净利润和单位人工成本销售额。这四个指标包含了企业家通常最关心的企业经营指标——销售额和净利润，它们也是最能直接反映企业经营效率和质量的指标，尤其用在同行乃至跨行业竞争对手之间比较时，最具表征价值。指标值越高，人力资源产出效率越高，企业的经营效率和经营质量就越高。

1. 人均净利润和人均销售额

人均净利润和人均销售额是最能反映企业经营效率和质量的指标，也是企业最常用的人效指标，有时也被称为人均收益和人均产出，计算公式如下。

人均净利润 = 净利润 / 平均员工人数

人均销售额 = 销售额 / 平均员工人数

2. 单位人工成本净利润和单位人工成本销售额

单位人工成本净利润和单位人工成本销售额与人均净利润和人均销售额类似，也是针对企业的净利润和销售额来设计的人效指标，能够反映出企业每支付一元人工成本可以获得多少净利润和销售额。单位人工成本净利润和单位人工成本销售额有时也被称为人工成本产出率，计算公式如下。

单位人工成本净利润 = 净利润 / 人工成本总额

单位人工成本销售额 = 销售额 / 人工成本总额

个性化的人效指标

除了上述常用的人效指标外，我们发现，很多企业也会根据自己所在行业的特点和内部管理需要，使用其他人效指标。比如，华夏幸福基业股份有限公司使用“元均回款”（元均回款 = 回款总额 / 工资总额）作为人效指标；高鑫零售使用“每工时销售额”（每工时销售额 = 销售额 / 员工工作总工时）作为人效指标。

为方便企业根据自身的实际情况灵活选择人效指标，我们从人效的内涵出发，设计了一个“生产”人效指标的公式，我们称之为“人效指标设计公式”。

人效 = 经营产出 / 人力资源投入

其中，经营产出通常是指净利润、营业利润、毛利、销售额、回款、产量、产值等可量化衡量的公司业绩成果；人力资源投入一般包括员工数量、人工成本、工资总额、总工时等与“人”相关的资源投入量。

根据以上公式我们就可以获得很多人效指标，表 2-4 中列举出了部分可供企业参考的人效指标。

表 2-4　其他人效指标

<table>
<tr><th>序号</th><th>指标名称</th><th>指标计算公式</th><th>应用说明</th></tr>
<tr><td>1</td><td>人均回款</td><td>$人均回款=\frac{回款总额}{平均员工人数}$</td><td>适用于更关注回款情况的企业，比如现金流压力较大或回款周期较长的企业</td></tr>
<tr><td>2</td><td>人均产量</td><td>$人均产量=\frac{总产量}{平均员工人数}$</td><td rowspan="2">比较适用于企业对生产部门的人效监测，比如用于对比企业下属不同工厂的管理效率</td></tr>
<tr><td>3</td><td>人均产值</td><td>$人均产值=\frac{总产值}{平均员工人数}$</td></tr>
<tr><td>4</td><td>人均毛利</td><td>$人均毛利=\frac{毛利总额}{平均员工人数}$</td><td>比较适用于贸易型企业</td></tr>
<tr><td>5</td><td>单位工资净利润</td><td>$单位工资净利润=\frac{净利润}{工资总额}$</td><td rowspan="2">比较适合成本导向型企业的人效监测，特别是劳动力密集型且对劳动者技能要求不高的制造业或服务业企业</td></tr>
<tr><td>6</td><td>单位工资销售额</td><td>$单位工资销售额=\frac{销售额}{工资总额}$</td></tr>
</table>

（续）

序号	指标名称	指标计算公式	应用说明
7	单位工资回款	$单位工资回款=\frac{回款总额}{工资总额}$	比较适合成本导向型企业的人效监测，特别是劳动力密集型且对劳动者技能要求不高的制造业或服务业企业
8	单位工资产量	$单位工资产量=\frac{总产量}{工资总额}$	
9	单位工资产值	$单位工资产值=\frac{总产值}{工资总额}$	

选择合适的人效指标

通常，如果企业没有特殊的管理需要，选择最常用一个或几个人效指标即可。一般制造型企业，多选择人均净利润、人均销售额、单位人工成本净利润和单位人工成本销售额这几个指标；如果企业所处行业有其特殊性，比如房地产行业非常关注“人均开发面积”，餐饮零售行业关注“平效”，电商行业关注“人均 GMV（成交总额）”等，那么企业可以根据需要参考人效指标设计公式来设计人效指标。

无论企业选择常用的人效指标还是自行设计特殊的人效指标，都需要关注以下几个方面。

1. 平衡科学性与实用性

人效指标不是越多越好。科学性是求全，追求“无死角”；实用性是求实效，追求有效性和便捷性。人效是一个很综合的概念，片面地追求科学性就是要全面地反映人效，就必然需要一个庞大的指标体系。然而，企业关注、跟踪、分析一个庞大的人效指标体系既不现实也完全没有必要，反而会增加大量非必要管理成本，导致与提升人效的初衷相背离。通常，针对一个考察主体，选择 1 ～ 3 个指标来监测和分析企业人效的变化情况就足够了。

2. 关注行业特点与企业特点

在选择人效指标时，企业应从所处行业和自身特点出发，根据实际经营需要选择合理的指标。如果企业未来3年的战略是提升市场占有率，那么人均销售额可能比人均利润更契合企业战略的需要；如果企业的销售回款周期比较长，造成企业现金流紧张，那么人均回款额可能与人均利润、人均销售额同等重要。

某化工集团的人效指标

某国有化工集团主要生产TDI（化学名为甲苯二异氰酸酯）产品，为了提升工厂的运营效率，集团希望通过人效指标来考核旗下各工厂的经营团队。

最初，集团使用人均利润和人均销售额来考核旗下工厂的管理提升效果，但是连续两年的评价结果都不被旗下工厂认可，各工厂经营团队对考核结果意见很大。主要争议点在于，TDI产品的价格及其原材料的价格受市场影响非常大，价格波动周期短、无规律、幅度大，TDI生产装置的产量却十分稳定，因此各工厂认为人均利润和人均销售额主要受外部因素影响，并不能真实反映工厂的管理成效。

后来经过多次研讨，该公司提出了将“人均不变价利润”作为人效指标，获得了各工厂的一致认可。人均不变价利润 = 不变价利润 / 平均员工人数，其中不变价利润是指对各种原材料、TDI产品设置一个不变的价格，并基于这个不变的价格来计算工厂的利润。

3. 区别当下价值与长期价值

在人效指标的实际应用中，企业通常会做两个对比：

- 与自己过去的人效值对比，通过分析人效的变化趋势来审视自己运营效率的变化。
- 与竞争对手的人效值对比，通过分析人效的相对高低来审视自己组织的竞争力。

为了反映真实的运营效率，企业在做类似对比的时候要区别投入所产生的当下价值和长期价值。扩大生产规模、加大研发投入等方面的投资行为会使企业的人均利润等指标在获得投资回报前明显下降，但是这种下降并不必然表明企业的运营效率在下降。不能因为追求短期人效指标数据而忽视长期人效水平的提升，各企业在分析对比人效数据时一定要分析其变化的内在原因，以便做到科学管控人效指标，从而做出最合理的管理决策。

如何提升人效，用哪些指标来衡量人效，固然重要，但对于我们自己和企业管理者来说，都有一个同样重要的前提性问题需要澄清。

人效指标的值是越高越好吗?

实际上，这个问题也是在人效冠军的研究过程中，研究小组争论最为激烈的问题之一。在这里明确提出这个问题，一方面希望引起读者的深入思考，真正地用好人效指标；另一方面也是为了尝试阐述我们对于人效高低的价值判断。

我们认为，从长远和全局看，企业应该持续追求更高的人效，人效越高，企业经营的效率和质量越高，企业的长期发展将更具潜力。

同时，我们也发现，企业的人效水平可能存在阶段性的、周期性的起伏，当企业开始有意识地聘用更优秀的人，为未来储备更多人才，为研发创新投入更多资金，为生产规模扩大投建更多厂房设备的时候，人均水平在一段时期内会有所降低，这似乎与高人效背道而驰。但是，从长期来看，人效变化总趋势应该是逐渐提升的。上述人效的短期性下降，更像是为人效提升蓄力的阶段。以更长远的视角思考如何提高人效，应该容忍人效指标阶段性的下降。

人效的提升绝不应该仅从成本的角度去考量，仅仅试图通过减人、减少研发投入、缩减培训费用等方式短期提高人效不是长远之计。企业应该更多地从价值产出的角度思考如何提升企业的价值创造能力，包括招聘更加优秀的人才，加强培训以提升员工技能，增加技术投入以提升自动化水平等，这样的人效提升更加健康、更加可持续，也是企业更应该追求的。

■ 关键发现

- 人效领先的企业通常也是行业中经营成效卓越的企业。
- 人效冠军的经营管理存在一定的共性特征，这种共性特征主要体现在先人后事、战略聚焦、组织精益、研发创新、双高文化五个方面。
- 人才价值贡献存在“80-20”现象，即占员工总数的20%的优秀员工贡献了80%的价值。
- 企业实现先人后事的方法是：战略上践行人力资源领先战略，战术上推行345薪酬体系。
- 人效指标除了常用的人均净利润、人均销售额等，企业还可以根据“人效指标设计公式”设计个性化、实用的人效指标。
- 企业在选择人效指标的时候，需要平衡科学性与实用性，关注行业特点与企业特点，区别当下价值与长期价值。

■ 落地工具

- 人效指标设计公式。

Champions of
Labor Efficiency

第3章

先人后事

功以才成，业由才广。

——《襄阳记》

在影响人效的五大要素中，人是其他所有要素的驱动力，优秀的人才既能直接创造高价值，又能通过知识、能力与智慧推动其他要素发挥作用，在创造企业价值的过程中起到了主导甚至决定性的作用。

提升人效，从其本质上来说，就是使员工个体或团队创造价值的可能性最大化，其核心在于精简的人才数量、高质量的人才队伍以及为企业发展奋斗的意愿和行动，这就涉及企业人力资源管理的水平和效率。然而，在企业管理实践中，人力资源管理面临着重重挑战（见表3-1）。

表3-1　人才管理不当导致人效下降

人才管理三大要素	乏力表现	对人效的影响
人才选择	现有的人不得力	庸才多，能人少，直接拉低人效
	招不到像样的人	
	好的人才留不住	
	企业家找不到合适的接班人	
	不干活、不担当的人太多	
	人不行，又淘汰不掉	

（续）

人才管理三大要素	乏力表现	对人效的影响
人才激励	和企业创始人一起创业的元老激情减退，难以再创辉煌	激励不得法，企业发钱不少却没达到激励效果，间接拉低人效
	空降的高管拿着高工资却发挥不了作用	
	用人成本越来越高，利润空间越来越小	
	员工拿到了高提成，企业却赚不到钱	
人才培养	培训投入不少，但能力提升不见成效	人才数量和质量跟不上企业发展，影响人效的持续提升
	人才培养慢，人才梯队断档	

总结起来，其实质就是企业家在人才选择、人才激励和人才培养方面没能掌握正确的理念与方法，导致企业在人效提升的相反方向上越走越远。

人力资源领先战略：提升人效的灯塔

21世纪初，吉姆·柯林斯基于对1400家入选过《财富》世界500强的企业的研究，在《从优秀到卓越》一书中提出了他的重大发现：实现从优秀到卓越跨越的企业都奉行“先人后事”的理念——先选人，再做事。在过去的30年里，在全球范围内都出现了以“事”为中心的组织变革，诸如流程再造、技术革新、信息化自动化转型等，由于在人力资源与组织文化方面的准备和投入不够，这些变革有的推进困难，有的效果不佳，很多以失败告终。

德锐咨询于2013年正式提出“人力资源领先战略”（见图3-1），旨在帮助企业家认识到，“人”才是企业人效提升的决定性因素，只有在人力资源方面优先投入和配置各种资源，才能充分挖掘并发挥人力资源创造价值的能力，推动人效持续提升。

遵循人力资源领先战略，企业应树立领先的人力资源理念，据此构筑领先的人力资源体系（包括人才选择、人才培养、人才激励、企业文化及组织结构)，进而打造领先的组织能力，才能实现人效的持续提升、企业发展的领先。

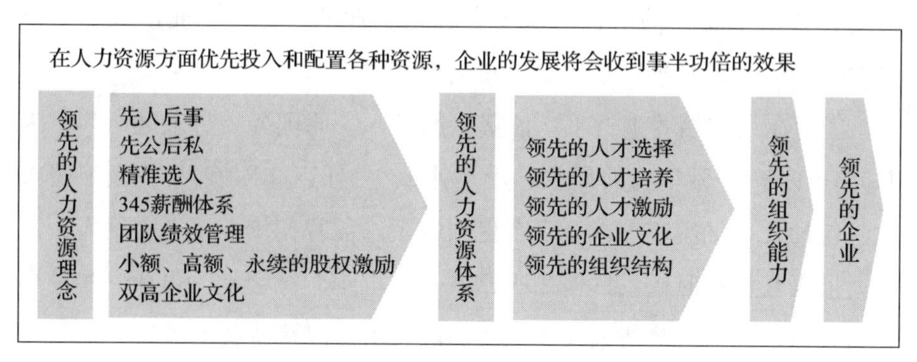

图 3-1 人力资源领先战略

人力资本增值优先于财务资本增值

对比国内同行业的上市企业，华为的高人效令人折服，2014 ～ 2018 年，华为的人均销售额、人均利润一直稳居行业前三（见表 3-2）。

表 3-2 华为人效排名

年份	人均销售额排名	人均利润排名
2018 年	2	3
2017 年	3	3
2016 年	3	1
2015 年	2	2
2014 年	3	3

华为的高人效很大程度上得益于其高度重视人力资源。

《华为基本法》第九条写道：“我们强调人力资本不断增值的目标优先于财务资本增值的目标”。华为把每一个愿意奋斗的干部和员工当作企业中最重要的资产，想尽一切办法来实现这些人才“资产”的最佳产出与持续增值。基于这一管理理念，华为一直秉承如下做法。

建立尊重人才但不迁就人才的管理机制，形成了高度激活组织的价值创造、评价与分配机制，即以客户为中心的价值创造、以结果为导向的价值评价以及以奋斗者为本的价值分配体系。

将人才的管理聚焦到人的能力管理上。任正非说："人才是企业的财富，技术是企业的财富，市场资源是企业的财富……而最大的财富是对人的能力的管理，这才是真正的财富。"

华为在人才培养上近乎"浪费"的投入。原国务委员宋健访问华为时问任正非："做华为的最大感受是什么？"任正非回答："我们浪费较大，包括几个亿用于培训，几个亿报废了，但我们培养了一大批人，这一大批人在什么时候发挥作用呢？下一个世纪。社会上，包括一些世界著名公司，说华为浪费太大，但我们认为正是浪费造就了华为。"

在华为的员工报酬所得结构中，人力资本所得三倍于财务资本所得。人力资本所得包括员工获得的工资性薪酬、年度奖金和 TUP（时间单位计划）等累计的总收益；财务资本所得主要是虚拟股分红。这样的配比结构更能体现华为以结果和贡献为导向的价值分配模式。

人才培养优先于业务扩张

对于连锁餐饮企业来说，门店店长几乎是最核心的人才资产。

因为无法解决店长培养速度慢的问题，海底捞创立之后的前 20 年门店扩张一直较为缓慢。数据显示，海底捞在 1994 ～ 2014 年这 20 年间总共开了约 100 家店，平均每年只开 5 家店，创始人张勇在此期间主动控制门店扩张速度，一直在摸索如何解决店长人才短缺的瓶颈。得益于以下逐渐摸索成形的店长选拔和培养机制，海底捞建立起了比较完善的店长人才梯队，从 2015 年开始，海底捞的门店开始迅猛增多（见图 3-2）。

1. 严格的店长选拔机制

海底捞有一套赫赫有名的"师徒制"店长选拔及培养程序。

第一步：建立店长后备人才库。由老店长作为师傅举荐，被选中入库的候选人会接受额外的管理提升培训。

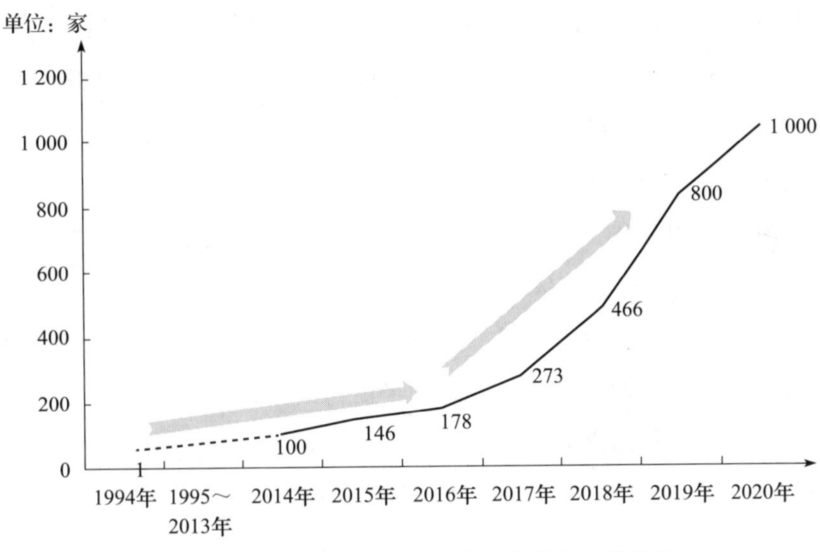

图 3-2　1994 ～ 2020 年海底捞门店数的变化趋势

第二步：晋升为大堂经理。候选人须通过考试，在餐厅任职并胜任至少 10 个职位后，由店长推荐参加海底捞大学计划中的培训课程，在培训课程结束时须接受评估，只有通过评估的候选人才有资格晋升为大堂经理。

第三步：晋升为店长。店长可提名大堂经理作为店长候选人，参加海底捞大学举办的为期 15 ～ 30 天的培训课程。店长候选人在课程结束时接受评估，通过评估后才有资格成为店长。当老店长的能力可以胜任开新店时，这些有资格的候选人将被提拔为店长。

在这个过程中，需要注意的是，店长在举荐后备人选时必须确保被举荐的候选人的能力和潜质，如果在课程结束时候选人未通过评估，店长及其举荐人必须支付被举荐人所参加培训课程的费用；若提名的店长未能通过绩效评估并被免除举荐的职位，则其师傅将受到财务惩罚，师傅的师傅也会被连坐，一同遭受惩罚。

2. 形成利益共同体的店长激励机制

海底捞店长的薪酬主要包括两个部分：基本薪资与业绩提成。有意思的是店长不仅可以享有自己管理的门店的业绩提成，还能在其徒弟、徒孙管理的门店中获得更高比例的业绩提成。海底捞设定了两种比例提取方式，店长可以任选其一。

选项 A：其管理餐厅利润的 2.8%。

选项 B：其管理餐厅利润的 0.4%，其徒弟管理餐厅利润的 3.1%，其徒孙管理餐厅利润的 1.5%。

海底捞通过在人才培养方面的重金投入，充分发挥“导师制”这一人才培养方式的作用——让成熟的店长为“徒弟”的成长负责。通过“利益共享”的激励机制，激励店长在管理好自己的门店的同时，有动力培养更多优秀的后备人才。

人才引领企业发展

从 40 年前的一家小皮革厂，成长为今天全球产能最大、最具综合竞争力的 MDI 制造商，作为中国唯一一家拥有 MDI 制造技术自主知识产权的企业，万华化学取得的成就离不开其对人才的重视。

在 2019 年第三届中国企业改革发展论坛上，万华化学集团股份有限公司党委书记、董事长廖增太提到，万华集团取得的发展成绩离不开三件事。

- 第一，坚定不移地推进现代企业制度改革，所有权和管理权一定要合理分配。
- 第二，所有的骨干，包括科研骨干、管理骨干，必须得到充分的激励。
- 第三，企业的信息必须公开透明，公开透明才能规范。

万华化学始终坚信“人才能够为企业带来超额的价值，人才是企业最重要的战略资源”，坚持打造一流人才队伍，以人才创新支撑产品向高端发展。基于这样的人才理念，万华化学着力打造了一支实力强大的科技人才队伍，2018 年形成 1200 人的专职研发队伍，推动万华化学研发技术水平实现质的飞跃，营业收入突破 600 亿元；2019 年人才搜寻力度不减，引入了 1906 名优秀人才；2020 年，更是明确提出了计划引入 2400 名一流化工人才。

万华化学 2018 年科研人员数量及价值创造情况如图 3-3 所示。

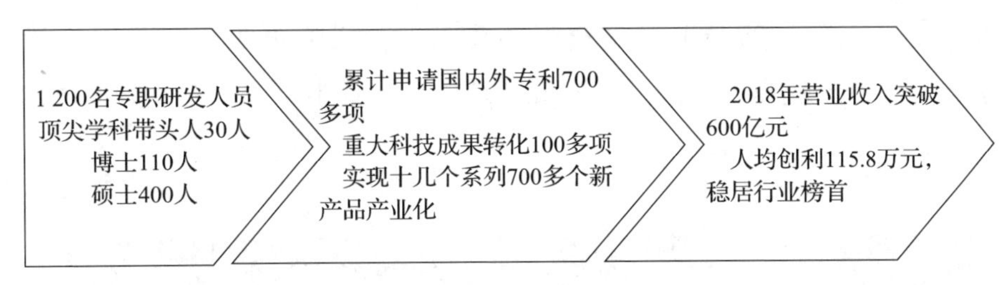

图 3-3　万华化学 2018 年科研人员数量及价值创造

万华化学对人才的重视还体现在对人才的高激励上。“遵从市场，高薪引精英”是万华化学一直践行的人才吸引模式。1999 年 8 月，万华化学招来了第一个博士杨勇，“市场价”年薪至少 8 万元。但那时万华化学总经理的年薪只有 1.44 万元，副总的年薪是 1.2 万元，工人的工资一年才 5000 多元，更何况当时万华化学还处于亏损阶段，工资只能发放 50% ～ 60%。但时任集团公司总经理助理、副总工程师，万华化学前董事长丁建生拍板决定，“人才一定要，就定这个薪酬”。此后，为了吸引和留住更多优秀的科技人才，万华化学开始实施“科技进步奖励办法”，研发成果实现产业化后连续 5 年内按净利润的 15% 提成科研奖金。近 5 年来，万华化学在研发和奖励人才上的投入超过 35 亿元。2018 年，万华化学光是对科技人员的奖励就投入了 5000 万元，力度之大，业内罕见。

正是因为有这样高薪引人才的魄力，万华化学先后在国内外引进了化学工程和化工过程工程化计算机软件开发、化学基础工艺研究等方面的学术带头人，实现了万华化学研发水平的飞跃。

345 薪酬体系：提升人效的最佳方法

如果说人力资源领先战略指明了企业提升人力资源管理效率的战略方向，那么 345 薪酬体系则给出了企业提升人效具体的实现路径。

“345 薪酬”就是给“3”个人发“4”个人的薪酬，创造出“5”个人的价值。345 薪酬体系并不是要简单地解决如何给员工定薪和发薪的问题，关键目的是要在企业内部建立一套支持企业持续高价值产出，能够不断提高人效的人力资源管理体系，其主要包括三大方面（见图 3-4）。

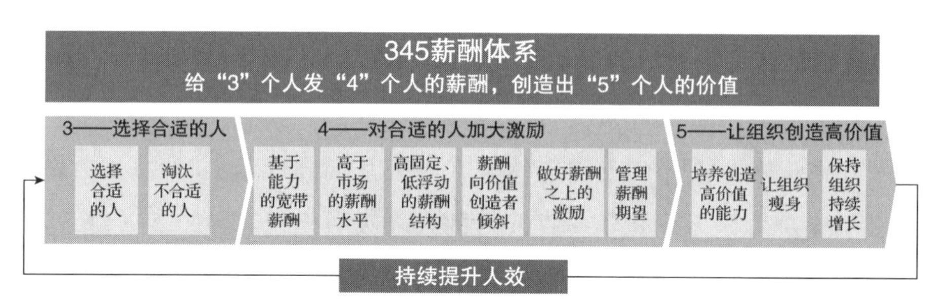

图 3-4　345 薪酬体系

345 薪酬之“3”，即人才评价和筛选体系——选择合适的人，淘汰不合适的人。

345 薪酬之“4”，即人才激励体系——对合适的人加大激励，包括保证有竞争力的薪酬水平，做好薪酬上的激励并管理好薪酬期望。

345 薪酬之“5”，即组织塑造体系——让组织创造高价值，包括培养员工创造高价值的能力，采用组织瘦身以及目标和绩效管理等手段让组织持续成长。

345 薪酬体系致力于将有限的激励资源合理高效地分配给员工，激励员工创造出高绩效，从而提升人效，推动企业做大、做强（具体内容详见《345 薪酬：提升人效跑赢大势》一书）。笔者在这里以 345 薪酬体系为基础，重点阐释人效冠军在人才选择、人才激励和人才培养方面如何打造高人效的人力资源管理机制，组织环境方面的内容将在本书后续章节中详细阐述。

选择创造高价值的人

从人效冠军的成功实践来看，它们每年都会通过绩效评估、能力评估、价值观评估等手段去精准识别“创造高价值的人”，剔除那些搭便车、不创造价值或低价值创造者，从而做到人才队伍的“去伪存真”，保持精干高效。

价值观为先

明确清晰且统一的价值观使员工在判断自己的行为时有统一的标准，方向的一致性有助于降低企业内耗，提升工作效率。要长期保持企业高人效，选人就要以价值观为先。员工与企业价值观匹配度高，会使员工具有高度的主人翁意识和责任感，促使其严格践行企业的经营理念，遵守和维护企业的行为准则和管理规范。与企业价值观一致的人才，在面对企业的发展目标时，能够形成合力，推动企业的持续增长。

作为服装行业的人效冠军，森马服饰总经理徐波对人才的评价和选用颇有心得。森马服饰从创立开始，就明确了选人标准，即人品大于能力。“能力是可以培养的，但是价值观紊乱了，能力越强造成的影响可能越严重。”森马服饰的选人标准包含四方面：第一是正直，第二是敬业，第三是专业，第四是团队精神。森马服饰尤其注重中高层管理者在校园招聘中发挥的作用：高管团队亲自带队到各大院校去宣讲，中层干部亲自选自己的手下。中高层管理者对公司文化和价值观理解得更深入透彻，能够敏锐地察觉候选人身上的特质是否与公司用人标准匹配。

格力电器的掌舵人董明珠对接班人有三点要求：一要忠诚，二要有奉献精神，三要讲诚信。董明珠最为看重的是“忠诚”，对她来说，忠诚不是对她本人的忠诚，而是对企业的忠诚。正是秉持这样的人才标准，格力电器选拔出一批批“劳模军团”。格力电器“劳模军团”在企业价值观的引领下，不但取得了自身的进步与成就，也成就了格力电器这个家电行业的人效冠军。

无论是森马服饰倡导的正直、敬业，或是格力电器强调的忠诚和奉献，还是华为的“以众人之私，成众人之公”，从中我们都能发现人效冠军用人标准的共同点——“先公后私”。所谓“先公后私”，是指在个人利益、短期利益与公司整体利益、长远利益冲突时，员工首先考虑公司的整体利益、长远利益，以公司整体利益和长远利益为先，其本质上是一种“为公利他”的精神。进化心理学的利他互惠理论表明，人为公利他的程度越高，获得的帮助就越多，成长就越快，取得的成就也就越大。我们发现，企业内先公后私程度越高，所创造的整体价值就越大，人效也就越高。

在众多文章和图书中，我们都将“先公后私”作为人才选择的第一标准；在公司的管理和咨询实践中，我们也在践行这一标准。以吉姆·柯林斯对第五级经理人的描述为参照，我们总结了先公后私者必备的行为特质（见表 3-3）。

表 3-3 先公后私者的画像

素质一：把长远利益和公司整体利益放在第一位	
1	重视长远利益，当公司面临短期利益有可能损害长期利益，并且短期利益对自己个人有利这一局面时，能够坚守长期利益，不向影响长期利益的行为妥协
2	维护公司整体利益，当公司整体利益与局部利益出现冲突时，即使个人利益会因局部利益改变而获益，也会从维护公司整体利益出发做出正确的决策
素质二：公司的成功高于个人财富和名誉的提升	
1	为了追求卓越，坚持选用卓越的人才，不任人唯亲
2	将雄心壮志倾注到公司上，为团队的成功培养接班人；当遇到比自己更优秀的人时，能主动让贤并提供条件让接班人带领团队持续取得更大的成功
素质三：令人折服的谦逊	
1	不以自我为中心，经常发现和赞美其他人做出的贡献；不会因过强的自我意识而影响工作的开展
2	不以过往的贡献向公司提出额外的过多的利益诉求

（续）

素质四：永不放弃的决心，做应该做的事情	
1	为了使工作走向卓越，甘愿做任何事情
2	为了追求卓越，树立远大的目标，并持之以恒
素质五：成功时看窗外，失败时照镜子	
1	当一切都很顺利的时候，从窗口向外看，把功劳归于自身以外的因素，如果找不到特定的人或事，就把功劳归于运气
2	当不顺利的时候，会朝镜子里看，检讨自己，承担责任，而不是埋怨运气不好

重视高潜力

在高度不确定的时代，人才适应变化、快速学习的高潜表现，与当下创造价值能力同等重要。研究显示，93% 的高潜力人才都是高绩效人才；在高绩效人群中，只有 29% 的人拥有高潜力，高潜力是员工创造高绩效的重要因素。

高潜力员工的共同特征是愿意为自我成长负责，拥有更强的适应力和学习能力，善于利用各种资源，把握潜在的机会，不达目的不罢休。总结下来，高潜力员工的潜力主要表现在具备更为明显的成就动机、学习能力、聪慧敏锐和坚韧不拔这四项特质（见表 3-4）。

表 3-4　高潜力员工的素质特征

素质项	素质描述
成就动机	• 渴望成功，喜欢迎接挑战，始终把创造更大的成就作为自己的奋斗目标 • 不满足于现状，在工作上执着追求，近似工作狂，总是希望把事情做得更好、更漂亮
学习能力	• 有快速学习的能力，能适应不同岗位的工作和发展要求 • 经常总结经验，增加学识，提高技能
聪慧敏锐	• 反应敏捷，能够快速抓住问题主旨并准确决策 • 对外部环境的变化比较敏感，有较强的洞察力
坚韧不拔	• 有较强的压力忍受度 • 心中有执念，不易放弃，坚持把事情做好

人效冠军也越来越关注员工在潜力方面的表现。华为、中国平安等直接将潜力作为员工评价和人才盘点的一个维度。

人效冠军重视高潜力的另一个表现是员工年轻化。近年来，人效冠军力推人才队伍的年轻化，并且成效显著。格力电器一直在不遗余力地为青年员工搭建展示自我的平台。董明珠说："未来是属于年轻人的，格力要做的就是搭建平台。"格力电器十分看重对大学生的培养，愿意给年轻人机会。格力电器拥有世界上最领先的光伏空调技术，但它的开发团队平均年龄只有28岁。现在格力电器的研发人才队伍，平均年龄都没有超过30岁，但是已经发明了数千项专利技术，形成了强大的产品竞争力。

中国平安连续12年跻身《财富》世界500强，在2020年新出炉的榜单中，更是以1842.80亿美元的营业收入位列全球榜单第21位，在全球金融企业中居于第2位。中国平安的成长可以用"大象豹变"来描述——庞若大象，敏捷如豹。这与中国平安人才队伍的年轻化不无关系。中国平安现有180万名员工，平均年龄为29岁，其中一半以上为"90后"。年轻人更容易接受新鲜事物，更有好奇心，更具创新意识，更乐于拥抱变化，因而有力地推动了中国平安的敏捷化转型。

人才队伍年轻化已是不可抗拒的潮流，人效冠军正是意识到年轻人更具想象力和发展潜力，所以都在积极拥抱这一变化。

不能没有淘汰

提升人效，除了从人才入口上保证高质量，还要从出口上保证内部人才结构的动态优化。

如果没能及时把不合适的低效人员清除出组织，那么低效很可能会像病毒一样在公司蔓延开来，产生"社会惰化效应"——当员工认为组织中的其他成员并没有很好地履行职责、贡献力量时，他们就会产生不公平感，从而通过减少努力和工作量来重建公平感，继而对组织的高人效造成威胁。

1. 不淘汰的损失大于你的想象

保留不合适的人在企业内部，造成的浪费除了直接看到的显性成本外，还有算起来触目惊心的隐性成本（见图 3-5）。

直接损失	人工成本：招聘成本（广告、猎头等）、工资、保险费用、公积金、福利、培训成本、补偿金
间接损失	间接成本：效率降低、产品质量下降、订单交付延迟、客户损失
机会损失	机会成本：由于使用业绩差的员工而失去使用明星员工的损失（最优秀员工的业绩：最差员工的业绩 = 4～127）

图 3-5　保留不合适的人造成的损失

德锐咨询服务的一家食品零售服务企业，通过人才盘点保守估计应淘汰 20 名员工。这些员工一年的成本测算总额高达 3 796 560 元（见表 3-5），占公司当年利润的 10%。

表 3-5　保留不合适的人造成的损失计算表

类型	项目	总额（元）	备注
直接成本	年度总工资	2 213 760	按照月度工资的 12 薪计算
	五险一金	442 800	年度五险一金
间接成本	培训成本	60 000	假设对每年对此类人投入的培训成本为 3 000 元 / 人
	新招成本	40 000	新招聘人员接替他的岗位，投入的时间成本、招聘费用为 2 000 元 / 人（保守估算）
	管理成本	40 000	管理不合适的人投入的管理成本为 2 000 元 / 人（保守估算）
机会成本	机会成本	1 000 000	不合适的人不离开，错失一个优秀的人创造应有的价值，尤其是高管，损失的很可能是一项业务
总额（元）		3 796 560	

不合适的员工给企业带来的潜在损失更容易被企业所忽视。这些潜在损失包括，占据企业的关键岗位，培训、晋升机会和激励资源，这些资源本可以给到合适的员工去创造更大的价值；部分踏实肯干、任劳任怨的员工也会因为不合适的人得到升迁、培养与涨薪的机会而另谋出路，这也会导致庸才留下而优秀人才离开的后果。

2. 人才盘点九宫格识别不合适的人

企业要在内部定期实施人才盘点，通过人才盘点九宫格（见图 3-6）实施人才分类管理。人才盘点可以识别素质、业绩相对较高的明星员工和核心骨干，也能分辨出素质低、业绩低的五类失败者。对于这五类员工，应该果断淘汰。

人效冠军也通过类似的手段进行分类管理，驱动员工不断达成目标，维持高人效的状态。

中国平安一直坚守人才管理的三大机制——“竞争、激励、淘汰”，强调人员能进能出，干部能上能下，工资能高能低。通过对各种绩效管理方法的不断实践，中国平安发现“横向排名、比例分布、激励淘汰”是最简捷、最有效的绩效考核方法，也最容易被员工理解。中国平安每半年、每一年都要对每个员工，每个部门、每个分公司、每个分行、每个支行进行绩效排名。排名末位的 10% 或 5% 员工会降级降薪、变换岗位，甚至被淘汰。连续两年降薪的员工必须降级，由子公司的 HR 审核后做出处置决定。中国平安认为，这是对其他 95% 工作绩效好的员工的保护，也避免了公司壮大过程中可能产生的老化现象。中国平安相信，好的绩效管理的最终目的是员工的提升，尽管过程残酷，但最终员工得到的是自身市场价值的提高。

海底捞每个季度也会根据神秘嘉宾评级和其他评价标准（如突击检查结果、网上评论、员工流失率等），对每个门店进行综合评价。基于不同的评价等级（见表 3-6），海底捞会采取差异化较大的奖惩措施来实现店长的优胜劣汰。

表 3-6　海底捞门店等级划分

门店评价等级	相应举措
A	店长享有优先开新店的权利，其师傅可享有新店一定比例的利润，其徒弟享有成为新店长的优先权
B	表现令人满意但仍有改进空间，其店长须向教练征求改进建议
C	店长须在公司接受为期 6 个月的管理培训并努力改善门店绩效。如果某门店连续两年被评为 C 级，那么该店长将被革除店长的资格，失去门店所有的分红权

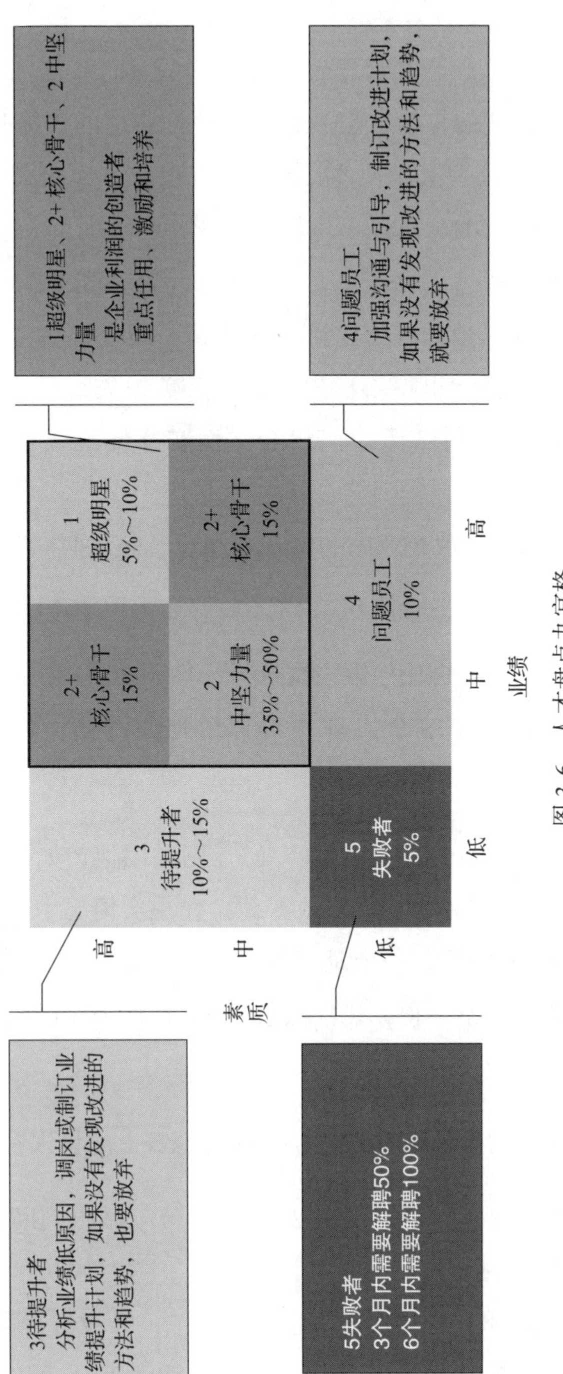
1超级明星、2+核心骨干、2中坚力量
是企业利润的创造者
重点任用、激励和培养
4问题员工
加强沟通与引导，制订改进计划，如果没有发现改进的方法和趋势，就要放弃
1
超级明星
5%～10%
2+
核心骨干
15%
2+
核心骨干
15%
2
中坚力量
35%～50%
3
待提升者
10%～15%
4
问题员工
10%
5
失败者
5%
高
中
低
素质
低
中
高
业绩
3待提升者
分析业绩低原因，调岗或制订业绩提升计划，如果没有发现改进的方法和趋势，也要放弃
5失败者
3个月内需要解聘50%
6个月内需要解聘100%

图 3-6　人才盘点九宫格

3.“经典两问”坚定淘汰决心

在淘汰人方面，很多管理者往往顾虑较多、犹豫不定，即使发现员工不能创造预期的价值，也一直给予他们所谓的“提升机会”，这个不理智的现象就是“沉没成本谬误”。沉没成本是经济学的概念，是指为某件事情投入的、已经不可回收的支出，如时间、金钱、精力等。企业在员工身上投入的薪酬和培养资源，都是沉没成本。开除不合适的人不仅使之前对他的投入全部打了水漂，可能还要支付一定的离职补偿，企业往往会觉得得不偿失。为了避免损失，反而会选择继续任用不合适的人，不断给予他们机会，而实际情况是拖得越久，损失越大。

我们每次都会建议企业家和管理者通过“经典两问”来做出正确的用人决策。

- 问题一：如果再让你做一次选择，你还会聘用他吗？
- 问题二：如果这个人现在对你说他要辞职，你会想挽留他吗？

如果这两个问题的答案都是“是”，则重用他；如果这两个问题的答案都是“否”，则立即下决心放弃他。在现实情况中，通常这两个问题的答案一个是“是”，一个是“否”——“我不会再聘用他，但如果他辞职，我还是会不舍得，仍然会挽留他”，这个时候就需要再问自己一个问题：

- 我想挽留的是他这个人，还是我在他身上的投入？

管理者在需要用这样的方式对某一个员工做出判断时，往往想挽留的是在他身上的投入，也就是沉没成本。这时候，尽快放弃是最佳选择。企业在他身上的投入损失已经发生了，并没有带来期望的回报，时间越长，损失就会越大。所以，企业在淘汰不合适的人员时，要警惕“沉没成本谬误”，要当机立断。

4. 以合适的方法降低人员淘汰的风险

很多企业之所以做不到坚决淘汰不合适的人，不是因为无法识别他们，而是担心在人员淘汰中或淘汰后面临风险。这些风险，既包括淘汰不合适的人过程本身的风险，也包括岗位空缺风险。针对该问题，企业应该系统考虑，参考以下原则以降低可能的风险。

- 利用离职面谈降低员工挫败感，掌握沟通尺度，给予员工充分的尊重。
- 提高经营的合规性，完善各项管理制度，降低潜在风险。
- 不要吝惜离职补偿金，短期看来企业可能有所损失，但长期来说收益大于成本。
- 真诚提供力所能及的帮助，引导发展，愉快“分手”。
- 用合适的同级或者上级兼任暂时空缺的岗位，同时持续加大招聘力度。

激发创造高价值的动力

要让员工努力创造高价值，激励资源的投入必不可少。很多企业激励成本持续高企，却没有达到激励的目的和效果，甚至还出现员工怨声载道的情况。很多企业乐于分享，却不知如何激励——如何通过价值分配激发团队创造高价值，成为企业面临的难题。

人效冠军大多是薪酬冠军

345 薪酬体系的核心观点是，高于市场水平的薪酬是最节省的薪酬。

人效提升的关键在于拥有高质量的人才，企业必须具备吸引和保留优秀人才的能力，提供高于市场水平的薪酬是关键手段之一。竞争性劳动力市场理论认为，提供高于市场水平的奖励工资有助于确保员工的忠诚行为。获得高回报的员工，会产生强烈的动机，为了维持较高水平的报酬，甚至为了获取更高水平的报酬，愿意付出额外的努力，为企业创造超额利润。

人效冠军在薪酬水平方面确实表现优异。人均净利润排名行业前三的人效冠军，其人均薪酬也排名前三（见表 3-7）。

表 3-7 人效冠军的人均薪酬排名

所属行业	行业人效冠军	2018 年人均净利润排名	2018 年人均薪酬排名	2018 年人均薪酬（万元）
信息与通信技术（ICT）	华为	3	1	62.4
多元银行	招商银行	1	1	57.7
医疗保健设备	迈瑞医疗	1	1	33.8
建筑机械与重型卡车	三一重工	1	1	30.0
基础化工	万华化学	1	1	26.4
服装	森马服饰	1	1	22.9
纸业	太阳纸业	3	2	10.5

资料来源：Wind。

迈瑞医疗 2018 年实现营业收入 137.53 亿元，同比增长 23.09%，归属于母公司净利润为 37.19 亿元，同比增长 43.65%，净利润增速远远高于营业收入增速，显示出迈瑞医疗强劲的盈利能力。截至 2019 年第一季度，在 Wind 发布的“中国上市企业市值 500 强”榜单中，迈瑞医疗排名第 69 位，市值为 1633 亿元，稳居医疗器械行业的龙头位置。

迈瑞医疗占据龙头位置的不仅是人均营业收入（见图 3-7a）和市值，其人效水平和人均薪酬水平也稳居行业第一，尤其是迈瑞医疗高管的薪资，更是远超行业平均水平。迈瑞医疗 18 位高管的薪酬总额达到其余 40 家医疗器械上市公司所有高管薪酬总额的约 1/3（见图 3-7b）。

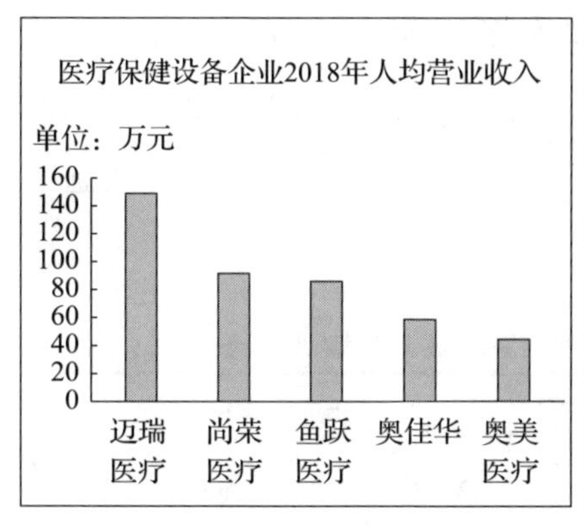

a）

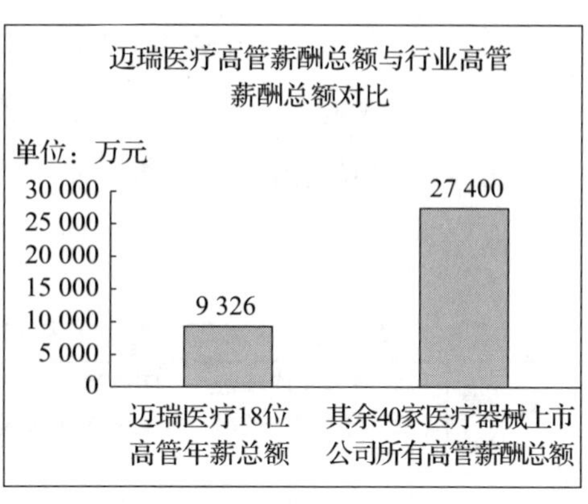

b）

图 3-7　迈瑞医疗人均营业收入及高管薪酬与业内数据的对比

迈瑞医疗的董监高平均年薪为 518 万元，剔除 3 位独立董事后，平均年薪达到 618 万元，其中有 4 位高管年薪超过千万元。高于市场平均水平的薪酬，吸引了高于市场平均水平的人才，助力迈瑞医疗实现了远超同行的经营业绩。

发挥长期激励的作用

根据二八定律，企业 80% 的利润由企业内部 20% 的关键人才创造。撬动企业内部 20% 的关键人才，比推动整体提升人效更有效。越来越多的企业采用股权激励的方式对内部关键人才（包括核心管理层和业务骨干）实施激励，让优秀人才组成的团队做到“共创、共享、共担”。充满奋斗激情的关键人才，能够用他们的管理能力和业务能力辐射、带动更多的员工努力奋斗，实现公司整体人效的提升。

1. 股权激励助力人效冠军高速增长

我们发现，人效冠军大多直接或间接实行了股权激励计划，在完善短期薪酬激励的基础上，它们非常注重长期激励对核心高管和骨干人才的激励作用。从实施股权激励计划后 2 ～ 3 年的业绩表现来看，股权激励对人效冠军的业绩确实起到了比较好的推动作用（详情如表 3-8 所示），有些人效冠军已经把股权激励当成了一种常规的激励措施持续推行。中国平安从 2015 年开始实施员工持股计划，已连续五年共实施了五次激励。

表 3-8 人效冠军实施股权激励后营业收入的增长情况

人效冠军	股权激励实施年份（近五年内第一次）	实施后 2 ～ 3 年营业收入复合增长率	行业增速参考
三一重工	2016 年	57%	2017 ～ 2019 年建筑机械与重型卡车行业上市公司总营业收入复合增长率为 10.8%
万华化学	2014 年	34%	2015 ～ 2017 年基础化工行业上市公司总营业收入复合增长率为 23%
恒瑞医药	2017 年	26%	2017 ～ 2019 年西药行业上市公司总营业收入年复合增长率为 18%
太阳纸业	2014 年	22%	2016 年造纸业上市公司总营业收入同比增长 14%
森马服饰	2015 年	18%	2016 ～ 2018 年服装行业上市公司总营业收入复合增长率为 12%
招商银行	2015 年	7%	2016 ～ 2018 年多元银行业上市公司总营业收入复合增长率为 6%
中国平安	2015 年	16%	2016 ～ 2018 年保险行业上市公司总营业收入复合增长率为 11%

华为于 1990 年开启股权激励计划后，从最开始的虚拟受限股发展到后来的 TUP。截至 2016 年年底，华为虚拟股份数量已达 100 亿股以上，年度分红总金额超过 150 亿元，让员工持股既发挥了巨大的激励作用，也为公司融得了大量资金，使华为度过一个又一个寒冬，支撑了公司连续多年的高速发展。

华为在实施股权激励的过程当中，一直强调长短激励的有效结合。总裁办电子邮件 240 号（2013 年）文件中写道：“提高工资、奖金等短期激励手段的市场定位水平，增强获取和保留优秀人才的竞争力。丰富长期激励手段（逐步在全公司范围内实施 TUP），消除‘一劳永逸、少劳多获’的弊端，使长期激励覆盖所有华为员工，将共同奋斗、共同创造、共同分享的文化落到实处。”

2. 股权激励要做到小额、高频、永续

实施和计划实施长期激励的企业很多，但能够让股权激励等长期激励手段发挥作用的并不多。

我们曾服务过的一家科技制造企业，为显示股东分享决心，该企业上市前一次性授予高管大额股份，在IPO（首次公开发行）成功后，造就了大批千万富翁。股份解锁后，多位高管接连套现获利出走，给企业造成了极大的伤害。这是一次典型的“分蛋糕狂欢”，背离了激励的初衷，众多企业却仍然采用这样的方式。

针对企业实施股权激励常犯的错误，为了给热衷于股权激励的企业家和企业高管敲响警钟，我们提出，“小额、高频、永续”的股权激励模式是最有效的股权激励模式。

- 小额。每次激励额度不高，个人得到的初始额度是几万元、十几万元或最多几十万元的股份。
- 高频。每年都开展激励，根据每年公司的业绩和个人的业绩授予股权，股权收益是个人薪酬总额的一部分。
- 永续。每次激励额度延后3～5年分期授予，或延后3～5年分期解锁和行权，基于公司和个人业绩达成情况，滚动授予、循环激励。

“小额、高频、永续”不是一个单纯方案，而是一个持续运行的机制。它规避了“大额、低频、间断”模式导致的短期行为、激励过度、不可持续等问题，使员工更关注企业的长期发展，为未来引入高层级人才预留了资源，能够同时兼顾个人与整体、短期与长期、激励与保留、效果与成本，为提升人效创建可持续的发展环境，堪称“完美的股权激励模式”（具体内容，可参见《股权金字塔》一书）。

向价值创造者倾斜

企业在分配激励资源时，最担心的是分配不合理带来内部不公平。

当员工感觉激励模式不公平时，企业付出了高昂的激励成本，员工的满意度却很差，不但没有产生激励效果，反而造成负面影响。真正的公平，不是对激励资源进行“雨露均沾”式的分摊，而是按照员工对企业价值贡献的多少进行分配，这才是对价值创造者的公平，只有如此，才能激发员工创造更大的价值。激励资源向价值创造者倾斜，是345薪酬体系的核心思想之一。倾斜不仅是给予高价值创造者更多激励，还要做到对“不合适的人”少给甚至不给。

华为将员工分为普通劳动者、一般奋斗者和卓有成效的奋斗者。在激励资源的分配上向卓有成效的奋斗者倾斜：普通劳动者只在工资上与市场持平，基本与晋升机会、奖金及股票无缘；一般奋斗者则如其定义只享受一般的待遇；对于卓有成效的奋斗者，则要使之与一般奋斗者明显拉开差距，享有更高水平的薪资奖金和配股（见图3-8）。

在实践中要做到真正的公平，应用人才盘点结果指导激励资源的分配（示例如表3-9所示），那些通过人才盘点筛选出来的优秀人才，是高价值的创造者。用好人才盘点，除了能强化对人才的激励外，也是企业持续提升人效的关键手段。

表3-9 人才盘点结果应用表（示例）

人才九宫格	薪酬调整	奖金系数	人才晋升	人才培养
1	15%～20%	1.5	1年内考虑晋升	基于晋升的需要设计培养方案
2+	12%～15%	1.3	1～2年内可考虑晋升	给予更多的磨炼机会，如转岗、扩大工作职责、授权等
2	8%～10%	1.0	保持不变	培训或业绩辅导，使其转化为明星员工或骨干
3	3%～8%	0.6	必要时转岗	查找原因，移去障碍，进行适当的工作调整
4	0	0.0	可能晋升或淘汰	分析原因，3个月内加以处理
5	0	0.0	淘汰	分析原因，3个月内加以处理

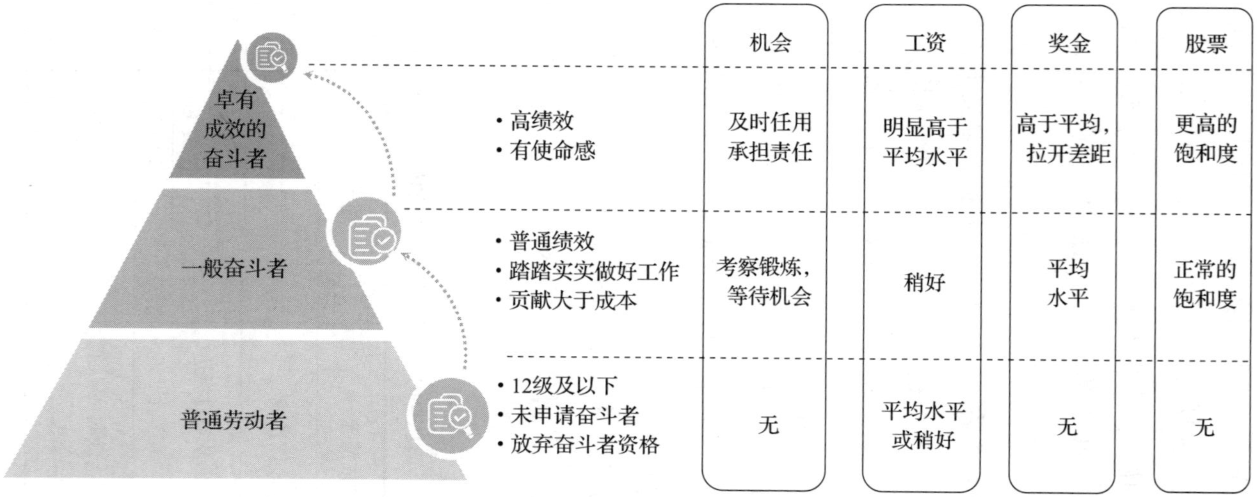

层级	特征	机会	工资	奖金	股票
卓有成效的奋斗者	·高绩效 ·有使命感	及时任用承担责任	明显高于平均水平	高于平均，拉开差距	更高的饱和度
一般奋斗者	·普通绩效 ·踏踏实实做好工作 ·贡献大于成本	考察锻炼，等待机会	稍好	平均水平	正常的饱和度
普通劳动者	·12级及以下 ·未申请奋斗者 ·放弃奋斗者资格	无	平均水平或稍好	无	无

图 3-8　华为基于奋斗者的价值分配体系

用团队绩效激发乘法效应

无论是人才选择、人才激励还是人才培养，关注的都是如何从个体的角度提升人效。团队绩效管理机制立足于团队整体，通过“利出一孔”和“力出一孔”打通内部协同关节，通过内部协作与分享实现个体能力的优势互补，将个体能力进行群体复制，从而激发人效提升的乘法效应。

团队绩效的关键是，一切激励的出发点取决于团队总体目标的实现程度。当员工的利益与公司整体目标的实现强相关时，员工关注的焦点就不再局限于提升个人业绩的工作上，而会更加重视那些有利于企业总体目标达成的工作。

在如表 3-10 所示的模式下，基于公司的两个核心目标设定奖金系数：目标达成，系数为 1；目标达成大部分，系数为 0.7；目标达成一半，系数也相应减半。基于此，如果公司目标只能达成一半，所有员工的奖金就会相应减半。这样的激励模式，让所有员工都提前关注公司目标达成情况，再配合每年的人才盘点，所有员工都会为达成整体目标尽力。

表 3-10 基于团队绩效的奖金分配方式

公司目标达成情况	奖金系数
销售额和回款目标全部达成	1.0
销售额目标达成，回款额目标达成 90%	0.7
销售额和回款目标达成其一（回款达标率 <90%）	0.5

序号	员工名	基本工资（元）	奖金系数	应发奖金（元）
1	员工 1	40 000	0.5	20 000
2	员工 2	35 000	0.5	17 500
3	员工 3	32 000	0.5	16 000
4	员工 4	30 000	0.5	15 000
5	员工 5	18 000	0.5	9 000
6	员工 6	17 000	0.5	8 500
7	员工 7	12 000	0.5	6 000
8	员工 8	10 000	0.5	5 000

如表 3-11 所示，沃尔玛的奖金分配就以团队业绩目标达成为条件：

门店员工的奖金与门店整体目标的达成情况挂钩；管理人员的奖金与沃尔玛（中国）整体目标的达成情况挂钩。

表 3-11　沃尔玛团队绩效的奖金分配模式

目标	区域	职级	职级系数	目标达成率为 90% 的奖金发放	发放频率
全国业绩完成情况（销售额和利润各占 50%）	总部和区域	B1 ～ B6 职员	15%	年薪 ×90%×15%	年度
		B7 经理	18%	年薪 ×90%×18%	
		B8 高级经理	22%	年薪 ×90%×22%	
		B9 区域经理	25%	年薪 ×90%×25%	
		B10 总监	30%	年薪 ×90%×30%	
门店业绩完成情况（销售额和利润各占 50%）	门店	门店副总 门店经理	18%	年薪 ×90%×18%	年度
		店长	25%	年薪 ×90%×25%	
		主管	15%	月薪 ×3×90%×15%	季度
		员工	12%	月薪 ×3×90%×12%	
发放前提	完成 80% 的利润预算是衡量销售部分的奖金的前提				

在这样的激励模式下，沃尔玛华东区江苏区域的人力资源经理不仅关注本区域的业绩完成情况，还会关注全国的经营状况；不仅关注 HR 工作完成情况，还会关注整体的业绩表现。

在团队绩效的分配机制下，团队内部对“不劳而获者”的容忍度很低。团队负责人为了团队的总体发展，也会有意识地防止内部存在“社会惰化”现象，持续优化内部人才结构，及时清理低效人员，保持团队人效的竞争优势（如何实施团队绩效，具体可参考《重构绩效：用团队绩效塑造组织能力》一书）。

培养创造高价值的人

提升人效的第三个途径是加强人才培养，使现有人才的能力向纵深延展，提升其创造价值的能力，提升高素质人才密度，加速提升人效。从长远来看，人才培养是最经济有效的人才获取方式。人效冠军早就发现，人才培养投入有很强的杠杆效应，能够显著撬动人才价值创造能力的提升。

培训预算不封顶

松下幸之助说过："一个天才的企业家总是不失时机地把对员工的培养和训练摆上重要日程。"

很多企业认为内部培养不划算、投入大、见效慢，抱着"拿来即用"的心理，始终将眼光看向外部，不断搜罗"光环人才"，最后却面临空降人才难以扎根落地，对内部人才疏于培养导致人才断层的双重危机。那些人效冠军，无不重视人才的内部培养，大力构建全面的培养体系。三一重工和格力电器更是提出了"培训预算上不封顶"的培养策略。

三一重工自成立以来，始终秉持"创建一流企业，造就一流人才，做出一流贡献"的愿景，打造"三一"品牌。为了实现"造就一流人才"这一目标，三一重工不断完善人才培养体系，即使是在外部行业形势严峻的发展阶段，仍坚持"培训经费不设上限"。早在10年前，三一重工在人才培养方面就已经展现出了非凡的魄力。《2011年三一重装员工培训费用报告》显示，2011年三一重工共有职工4000余人，人均培训91学时，教育经费累计支出为1015.21万元，人均培训费用为2779.68元。

三一重工希望打造一个覆盖员工职业生涯全过程的、定制化的、精准高效的培养体系（见图3-9）。它于2013年年底针对有潜力的工程机械专业人才推出"潜力人才"项目，该项目的目的是将这些潜力人才培养成合格的管理者。为此，三一重工从研发体系中挑选了80名潜力人才，开展6个月的军事化管理、封闭式培训，首次将军训拉练、项目实践、无限制淘汰等机制引入培训。

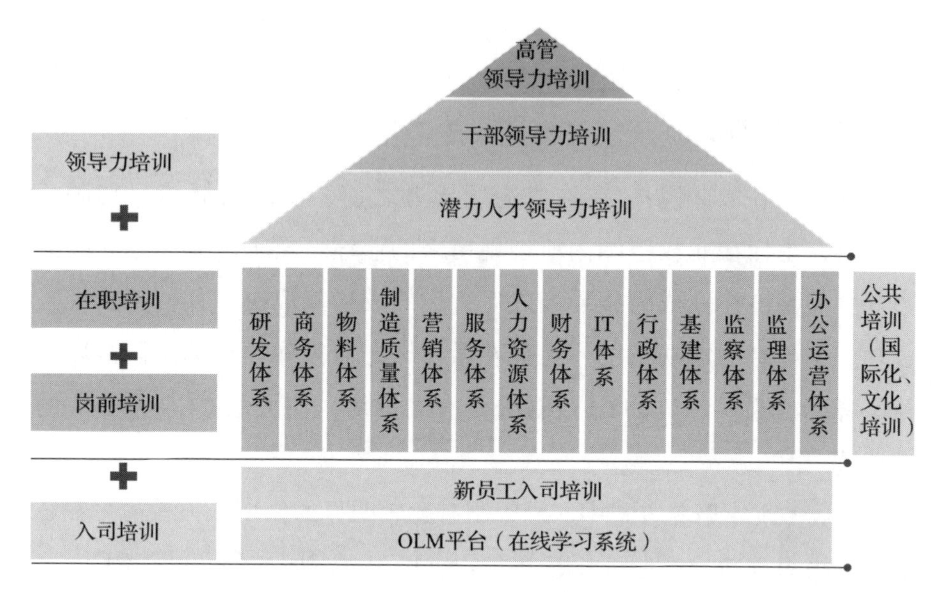

图 3-9 三一重工人才培养体系

2014年，三一重工进一步推出“精英训练营”与“雏鹰计划”，将定制化人才培养理念推向高潮。“精英训练营”针对在职的领导干部，将管理者引入体力与脑力双重训练之中，开展全程高强度的军事化训练，重金聘请全球顶级教练授课。与“精英训练营”不同的是，“雏鹰计划”的课程更顺应时代潮流，加入了互联网、大数据以及工业4.0等前沿内容，通过“招贤榜”对内选择高潜力年轻人才作为高级管理者培养对象，为三一重工未来转型升级培养后备人才。

人效冠军对人才培养的投入巨大，但并不是“财大气粗”的盲目。从华为、格力电器、三一重工等人效冠军的人才培养策略来看，它们高效的人才培养体系的第一步都是选拔培养对象，将培养资源投入到那些认同价值观、有潜力、值得培养的人身上，这个前提显著提升了人才培养的效率和投资回报率，这也是人效冠军“培训预算上不封顶”的最大底气。我们不仅要向人效冠军学习加大对人才培养的投入，还要学习如何聪明地投入，让人才培养高效地支撑企业的发展。

发挥导师的力量

杰克·韦尔奇说:"在你成为领导者之前，成功的概念只局限于你自己，是你在职权范围内所表现出来的业绩、贡献度和问题解决能力等。但是，在你成为领导者之后，你的成功就取决于如何帮助他人成功。领导者的成功指的不是你在做什么，而是你领导的团队能取得什么样的成果。一流的CEO首先是一名教练，伟大的CEO是伟大的教练。"

在众多人才培养方式中，导师制有比较明显的作用。人效冠军在企业内部极力推行导师制，比较知名的有华为、海底捞的"师徒制"，这是其人才培养环节中的"中流砥柱"，发挥了巨大的作用。招商银行的员工流失率一直维持在较低水平，但入行一年之内的员工流失率仍然偏高，它在《新员工管理办法》中明确了实行导师制的规则：校招新员工入行后，总分行人力资源部门会同相关部门，为其配备导师；导师须与新员工共同制订辅导计划，持续沟通，及时记录并反馈辅导工作情况。此外，为解决员工沟通问题，招行开发了专门的员工沟通系统，员工可以找到导师或希望沟通的人发起需求，而接受方必须在规定时间内答复，或者选择在线下交流。

优秀管理者应该优先成为员工的导师，企业注重选择那些具有培养能力的人成为管理者，并引入教练技术帮助管理者更好地扮演导师的角色。

导师与学员更多的是一种伙伴关系，在这种关系中，导师不是直接给出答案，不是"滔滔不绝"地传授方法和经验，而是运用教练技术（比如5R教练技术），通过开放式的提问，引发学员主动的、深层次的和创造性的思考，使学员自发地解决问题，从而帮助学员向内挖掘潜能，向外探索更多可能性（见表3-12）。

表 3-12　5R 教练技术流程与话术

5R 流程	内容	话术
Relation 关系形成	• 构建与学员之间相互信任的关系 • 让学员相信你是来帮助他的	• 过去的这段时间你取得了哪些进步？有哪些亮点？ • 过去的半年，你的感受怎样？ • 我们上次沟通到现在，有没有有效地帮助到你？
Refocus 目标设定	• 能够准确地找出对方谈话的主题和目标 • 帮助对方将目标具体化	• 你下个月的目标是什么？你今年的目标是什么？ • 你对未来有怎样的规划？你对人生规划最远想到过什么？
Reality 现实认知	• 倾听目前面临的困难、问题和挑战 • 找到当前与未来的差距	• 为了实现这个目标，你面临的困难是什么？ • 为了实现你期望的目标，当前与目标的差距是什么？
Resources 解决资源	• 帮助学员找到解决问题的资源和方案，从各个方案中选出最有可能实现的方案 • 让他人清醒地认识到自己拥有改变的能力，拥有解决问题的方案 • 激励和支持他们自己找到最佳方案	• 你有哪些优势和能力，可以帮助你解决问题、实现目标？ • 有哪些方法、资源和人，可以帮助你克服困难、解决问题、跨越挑战？ • 这些方案中的哪个是最有效的方案？
Responsibility 执行责任	• 为了完成自己的目标、解决问题而制订的具体行动计划 • 让学员接受教练成为他的计划执行检查和支持的人	• 为了完成自己的目标、解决问题，具体行动计划是什么？ • 为了让你的计划有效执行，需要我和公司给予你怎样的支持？ • 为了让你的计划有效执行，你的书面计划什么时间提交？执行检查和支持的人是谁？

导师制的核心是沟通赋能，导师需要通过定期的发展面谈，及时了解员工的工作状态和心理状态，一方面发现员工的能力优势，鼓励员工持续发挥优势，使之转化成高业绩产出；另一方面了解员工的成长困惑和能力短板，缓解员工心理压力，并利用自身丰富的工作或人生经验帮助员工解决问题，提升其能力。在沟通过程中要避免指责式的提问，而多用建设性的提问（见表 3-13），是“赋能”而不是“负能”。

表 3-13 指责式提问与建设性提问

指责式提问	建设性提问
你为什么没有完成?	你是如何分析未完成的原因的?
你哪些方面做得有问题?	哪些方面你感觉是有遗憾的?
你为什么没有提前想到?	如果你提前想到，结果将是怎样的?
你为什么不提前沟通?	要做好这件事情，你需要提前获得哪些支持?

导师制不仅能够帮助新员工更好地适应公司文化，快速进入角色，对管理者本身也是非常重要的锻炼机会，使之在带教中提升自己识人、用人、培养人的管理能力。所以，企业不仅要重视内部优秀人才给业务带来的直接价值，更要关注优秀人才的散射效应，发挥他们对其他人的影响力，这种间接地对公司发展产生的作用和价值更为深远。

培养“多能工”

在分工越来越细的今天，很多企业陷入过度分工的陷阱，组织内部流程冗长，效率低下，部门墙厚重。人效冠军通过培养“多能工”(即复合型人才和多技能人才）大大提高了企业和组织的敏捷性，既提高了企业的人才使用效率又降低了成本，从而促进人效的提升（见表 3-14）。

表 3-14 复合型人才带来组织高效

“多能工”的高效表现	过度分工的低效表现
1.“多能工”需要跨界学习，提高组织的创造力	1. 过度分工伴随着严密的流程控制以及工作领域的狭窄，容易降低组织的创造力
2.“多能工”使企业在变化的环境中，快速反应和调整	2. 过度分工导致内部价值链环节增多，增加断裂风险
3.“多能工”更能适应困难和挑战，帮助企业解决难题	3. 过度分工容易模糊主要矛盾，降低组织反应敏捷性
4.“多能工”具备多维视角，更能看到全局，行动更快	4. 过度分工容易导致本位主义、内部协作效率低、官僚化

沃尔玛颇为重视打造多技能工种。零售业虽然门槛较低，进入较

易，但愿意从业的人员数量有限，尤其是技能工种，如肉类分割、面包蛋糕等鲜食部门的技工，这类岗位外部招聘的困难程度不亚于总经理。所以，培养一岗多能的员工就成为零售企业取得竞争优势的关键。零售行业各岗位的工作内容灵活性较大，掌握多项技能的员工不仅可以提升效率，还能节省更多人手。沃尔玛通过轮岗及造血机制，不仅解决了内部人员短缺的问题，也使员工的胜任力不断提升，他们可以随时补充到多个不同的岗位上。图 3-10 展示了沃尔玛新店鲜食技工造血计划。

参加对象	• 全区各店愿意前往新店担任鲜食技工的所有部门的band1/band2员工
项目过程	• 人员募集：开业前3.5个月，各营运部门及HR报名 • 在岗培训：开业前1.5个月，在既有店完成两个月的鲜食造血计划培训及考核 • 考核上岗：开业前1个月，完成技工岗位理论及实操

图 3-10　沃尔玛新店鲜食技工造血计划

作为一家将提升中国企业整体人力资源水平视为己任的企业，德锐咨询一直重视复合型人才的培养。无论对咨询项目的行业还是对专业领域，德锐咨询从不做划分和切割，所有咨询顾问要掌握所有的专业咨询模块。在德锐咨询，每位咨询顾问都有内部兼职工作，人力资源管理、项目管理、市场管理、研发管理以及信息化管理等职能性工作，都是咨询顾问兼职完成的。作为为企业提供管理咨询服务的顾问，参与企业内部运营管理是体验真实管理场景的绝佳机会，有了内部管理经验，才能更从容地应对咨询项目中的各项挑战，为客户创造更大的价值，从而为企业带来更高的人效。

从人效冠军的实际做法中，我们可以发现，它们不是在企业发展壮大后才在人才上积极投入的，而是先积极投入于人力资源，才有了后来的发展壮大，这是先人后事的真谛。

■ 关键发现

- 企业在提升人效过程中面临的问题主要是人才管理上的低效。先人后事是解决人效问题的关键。
- 人力资源领先战略是21世纪企业人效竞争的核心战略。
- 345薪酬体系是企业持续提升人效的最佳方法。
- 选择创造高价值的人，重点是要选择具有“先公后私”价值观的人。
- 高潜力能够保障未来持续、长久地创造高业绩。
- 主动淘汰低效的人是提升人效立竿见影的方式。
- 人效冠军大多是薪酬冠军，它们为人才提供高于市场平均水平的薪酬，对人才实施了有力的激励。
- 实施“利出一孔”“力出一孔”的团队绩效模式，能够激发人效提升的乘法效应。
- 优秀人才不仅直接能对企业的业务发展产生价值，他们对其他人员的影响力和带动作用，对企业来说有更为深远的价值。
- 复合型人才能帮助企业降低成本，提高人才使用效率。

■ 落地工具

- 工具一：提升人效的最佳方法——345薪酬体系。
- 工具二：先公后私的精准画像。
- 工具三：高潜力员工的素质特征。
- 工具四：人才盘点九宫格。
- 工具五：淘汰不合适员工的“经典两问”。
- 工具六：小额、高频、永续的股权激励。
- 工具七：基于团队绩效的奖金分配方式。
- 工具八：人才盘点结果应用方法。
- 工具九：5R教练技术。

第 4 章

战略聚焦

战略制定者的绝大多数时间不应该花费在制定战略上，而应该花费在实施既定战略上。

——亨利・明茨伯格

20 世纪 90 年代初，珠海特区工业发展总公司（格力集团前身）旗下的冠雄塑胶厂与海利空调器厂合并，更名为"珠海格力电器股份有限公司"，朱江洪出任总经理，彼时的格力只是一个拥有一条年产量不过 2 万台窗式空调的简陋生产线的小企业。因为产品质量较差，企业仍处于困境当中。经过朱江洪的大力整顿，格力生产的空调质量大为改观，产品逐步得到市场的认可，在需求旺盛的市场环境下，格力很快迈上了发展的快车道。至 1994 年，格力一期技改项目落成，形成了年产 100 万台空调的生产能力，当年销售额达到 6 亿元。

同样在 1994 年，春兰股份成功登陆 A 股市场。这一年，它以 150 万台的产量一举成为国内最大的空调制造商，全年营业收入为 53 亿元，净利润为 6 亿元，并创下单月回笼 20 亿元资金的纪录。1990 ～ 1997 年，春兰空调连续 8 年全国产销量第一，累计销量超 1000 万台，是家喻户晓的"中国空调大王"。多年后，朱江洪回忆道：

“当时的春兰空调在国内可谓如日中天，作为春兰的粉丝，格力一直在模仿春兰。”

也就在1994年，格力和春兰开始走上不同的企业发展道路。上市后的春兰马上开始了多元化的探索，从家电业的冰箱、电视、洗衣机、微波炉，到风马牛不相及的摩托车、卡车、新能源、液晶显示器、房地产等领域都有涉及。每进入一个新行业，面对新的激烈竞争，春兰都需要投入大量资金和专业人才，春兰的资金被大量分散，在每个行业都只能浅尝辄止，逐步拖垮了空调主业，并错过了之后到来的空调行业发展的黄金10年。1998年，春兰被格力从销售冠军的宝座上拉了下来，从此市场份额不断萎缩，最终退出一线空调品牌行列。2005～2007年，春兰连续三年亏损，股票被迫停牌。2019年1月22日，春兰股份发布公告，称其本部空调业务已经处于暂停生产状态，春兰空调基本退出了历史舞台。

格力从一开始就选择了空调专业化道路，是所有空调厂商中做得最专注、最坚定的一个。格力始终专注于空调制造，投入大量资金用于研发，并在提升产品质量、拓展产品线上下足了功夫，力求格力空调品牌深入人心。随着销售模式的不断创新，格力逐步成为国内家用空调领域的冠军。2005年，格力家用空调销量首次突破1000万台套，销售收入同比增长30%以上，一举超越LG，问鼎世界空调行业销售冠军。目前，无论是家用空调还是中央空调，格力都已做到市场第一。

近些年，格力不断加快业务转型升级，逐步涉足空调以外的产业，比如生活电器、手机、新能源汽车、智能装备、芯片等，空调主业收入占总营业收入的比例虽然逐年降低，但仍维持在75%以上。而从2014～2018年五年的数据来看，业务相对最为聚焦的格力在三大家电企业（另外两家为美的、海尔）中人效也一直大幅领先（见表4-1）。

表 4-1　三大家电企业 2014 ～ 2018 年的人效（人均净利润）对比（单位：万元 / 人 / 年）

	2014 年	2015 年	2016 年	2017 年	2018 年
格力	19.96	17.76	21.53	26.29	29.51
美的	10.77	13.62	15.23	16.97	17.63
海尔	12.33	8.83	8.69	11.16	10.89

资料来源：根据各企业年报数据整理。

朱江洪 2012 年退休后，在一次谈到格力的发展历程时坦言：“当年空调老大春兰就是败于多元化，才成就今天格力空调崛起的机会。”

事实上，中国的一些企业在发展到一定规模后就热衷于走多元化的发展道路。改革开放 40 多年，蓬勃发展的经济给商业嗅觉敏锐的企业家提供了很多赚钱机会，多元化只是企业家抓住市场红利的自然冲动，企业赚取利润的同时，还能做大规模，一举多得，何乐而不为。

凡事皆有两面性，“收之桑榆，失之东隅”。很多企业志在捕获市场上的各种红利机会，贪图短平快的获利方式，并期望能够借助风口收获巨大成功。这种带有投机主义、赌博成分的经营思想，可能在短期内让企业获利，形成看似庞大的产品矩阵和产业布局，但这带给企业的只是虚假的规模，会让企业处在高负债经营的巨大风险之下。没有在核心优势领域上持续发力和布局，企业也很难构建强大的竞争优势和壁垒。当前面临困局的海航集团、新光集团、盾安集团、方正集团等企业就是一个个鲜活的例子。

有数据显示，中国企业的平均寿命相比《财富》世界 500 强要短得多。很重要的原因就是企业没有在自己的主业上构筑核心竞争力，长板不长，短板较短，面对激烈的市场竞争只能败下阵来。

贝恩咨询公司合伙人克里斯·祖克的研究发现：78% 的持续创造价值的企业都只拥有单一的占有强大市场领导地位的核心业务（见图 4-1）；87% 的企业是在成熟市场中通过拥有比同行更高的效率而取

得成功；只有 13% 企业是在新的领域，通过采用新技术、新模式，开辟蓝海，靠先发优势取得成功。

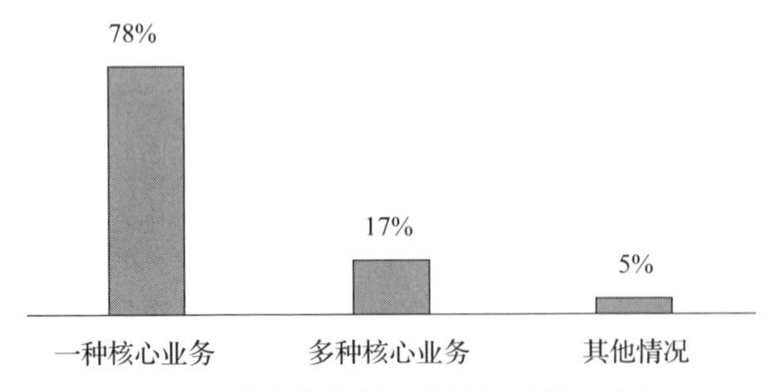

图 4-1 持续价值创造者统领的核心业务

资料来源：世界范围资料库、行业报告、贝恩咨询公司分析。

我们研究的人效冠军在主营业务上都非常专注，它们沉浸在自己的核心主业上，经年累月、不厌其烦地不断打磨和创新，从而造就了强大的核心竞争力，在实现企业长足发展的同时，还取得了令人瞩目的高人效。

人效冠军 2018 年核心业务营业收入占比如表 4-2 所示。

表 4-2 人效冠军 2018 年核心业务营业收入占比

序号	人效冠军	核心业务	核心业务营业收入占比
1	森马服饰	服饰	99.35%
2	太阳纸业	浆和纸制品	95.77%
3	万华化学	精细化学品及新材料	97.53%
4	格力电器	空调	78.58%
5	迈瑞医疗	医疗器械	99.69%
6	恒瑞医药	医学药物	99.88%
7	三一重工	工程机械	97.35%
8	华为	ICT 基础设施及智能终端	99.50%
9	招商银行	零售和批发金融业务	100.00%
10	海底捞	餐饮服务	97.20%
11	中国平安	寿险、健康险及财险	81.41%

资料来源：根据各企业年报数据整理。

恒定的坚持

在研究的过程中，我们原本期待，高人效企业会有一些独特的战略要诀、精细的战略规划或者高明的战略模式，可总结出来供其他企业参考。然而在对 12 家企业进行研究之后，我们发现并非如此，它们并没有那么"聪明"，有时反而显得有点"笨拙"——它们都有清晰的使命和愿景，一旦选择一个领域和方向便不会轻易改变，并且坚持长期、持续地对这个领域进行投入，在其中耕耘，即使外部看似"商机无限"也不改其初衷。正如任正非评述华为时说："华为没那么伟大，华为的成功也没什么秘密！华为为什么成功，华为就是最典型的阿甘，阿甘就一个字'傻'。阿甘精神就是目标坚定、专注执着、默默奉献、埋头苦干！"

人效冠军，大都如此。

选好赛道，坚持长期主义

诗人纪伯伦曾感叹："我们已经走得太远，以至于忘记了为什么而出发。"这句话需要被很多企业记住并自我反省。

沃尔玛是一家从没有忘记自己为什么出发的公司。

1945 年山姆 · 沃尔顿以一家单一的廉价商品店起家，7 年后他才开了第二家商店。接着，沃尔顿渐渐办起了一家又一家商店，在这个过程中，沃尔顿并没有觉得寂寞，更没有选择更换赛道，而是一直在这条路上坚持。直到 20 世纪 60 年代，沃尔顿用了 25 年，将一家单一的廉价商品店发展成为拥有 38 家沃尔玛店的大型连锁企业。1970 ～ 2000 年，沃尔玛抓住突破契机，用了 30 年的时间，成为拥有 3000 多家商店，收益达 1500 亿美元的大公司。

沃尔玛为"修炼内功"，用 25 年的时间来持续打造内部的高效经营机制，直到 1970 年才开始启动高速扩张式的增长。这 25 年的时间，为沃尔玛之后门店数量的迅速增加和业绩的快速提升打下了坚实的基础，使其连续多年蝉联《财富》世界 500 强第一。沃尔玛门店的发展历程如图 4-2 所示。

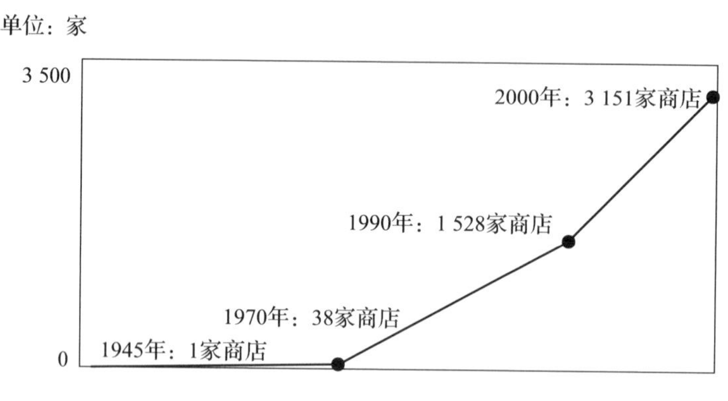

图 4-2 沃尔玛门店的发展历程

沃尔玛的愿景是：让世界上所有的人都能过上更好的生活。基于这个愿景，在超过西尔斯成为美国零售业的龙头后，沃尔玛也没有转向高资产回报的金融、房地产等领域，而是坚持在自己的连锁零售行业中深耕。早在 10 年前，沃尔玛就看到了用户体验的重要性，投入大量的时间和精力来做客户线上销售体验分析，像上面提到的那样，沃尔玛凭借自己的坚持与积累，为客户提供了极致的线上线下融合体验。正是沃尔玛在零售行业的坚持，以及关注用户体验的远见，使其在多变的市场环境下保持领先。像沃尔玛这样，在核心领域坚持长期投入，迎来商业上的巨大成功是水到渠成的事情。

正如山姆·沃尔顿所说："许久以来人们总觉得沃尔玛是一夜成名的伟大点子而已，但它是我们自 1945 年以来所有努力的结果……像大多数骤然成功的例子一样，我们足足奋斗了 20 多年。"长期的坚持是沃尔玛在这个领域中成为霸主至关重要的原因。

同为零售业巨头，西尔斯走的却是另一条道路。这家成立于 1888 年的实体零售连锁店曾是美国的零售之王。20 世纪 90 年代后期，沃尔玛以其廉价的优势逐渐夺走了西尔斯连锁零售巨头的宝座，随后西尔斯开启了自己的转型之路。噩梦起始于埃迪·兰伯特（Eddie Lampert）担任西尔斯的 CEO，作为著名的对冲基金经理，兰伯特没有坚持挖掘西尔斯连锁零售的价值，更多考虑的是金融层面的问题，致力于将西尔斯打造成一家房地产公司。他认为连锁零售商持有的巨大财富是土地，可以通过房地产买卖来快速实现企业增值，因此他将公司的大量现金投放到最容易取得投资回报的地方，如大量购入地产、开新店占据土地等。同时，西尔斯本有机会吞并当时最大的竞争对手家得宝（Home Depot），从而在家装建材方面进行垄断，但是埃迪·兰伯特也放弃了，他认为西尔斯需要更多的现金流来保证房地产业务的发展。不久，西尔斯变成了一家"拥有很多地产的传统百货公司"。而此时，它的竞争对手沃尔玛，在进行业务本身的升级——打磨出更好的产品和更多的产品线。

当西尔斯的零售业务越做越差，市场份额越来越低时，埃迪·兰伯特又看到了亚马逊的用户数据化，看到了开市客（Costco）的严选模式和低 SKU（库存保有单位），看到了沃尔玛新零售的线上和线下融合，重新将战略定位于数字化体验。但因缺乏长期的数据与用户体验的积累，西尔斯的这次战略转型并未成功。据西尔斯的一位中层管理者透露，他在西尔斯任职的四年，企业高管几乎每年一换，任何项目都无法长期持续，任何战略也无法长期坚持。在埃迪·兰伯特的带领下，企业的氛围已经变成，一个项目如果三个月内不能出成绩，就会立马被叫停。因此，大家都更愿意推出短期能见效的方案，而不是对各方面做长期投入和打磨。在经历了一次又一次战略定位失误，一次又一次企业高管更换后，西尔斯最终走向了灭亡，于 2018 年正式宣告破产。

战略不仅是当下企业的盈利目标，它需要平衡好短期和长期、现在和未来。为应对外部环境变化，企业战略需要做出调整，但一个企业要成为百年老店，显然要有持续坚守的内在核心，这一核心是企业的使命和愿景，是企业要坚守的那个赛道。无论外部环境怎样变化，企业核心不能变。

对于每个企业来说，只有明确自己的使命和愿景，知道自己要做什么，才能保持战略长期的恒定。长期主义的胜利，是企业最终的胜利，也是企业真正的胜利。

聚焦主航道，剥离非核心

《哈佛最受欢迎的营销课》的作者扬米·穆恩认为，要想赢得消费者的忠诚，不应在不足的方面追赶其他品牌，而要做相反的事情——加强优势，勇于做减法，不需要迎合所有消费者或者客户。聚焦就意味着企业要有所为有所不为，要做的是积聚资源在自己的主航道业务上，夯实基础，构筑强大的竞争优势和壁垒；同时，控制多元化的冲动，果断放弃低效产品和低价值业务板块。

很多企业资源有限，还要在多个产品线和多个业务板块上进行均摊式的分配，严重影响主业的资源投入，无法形成主业的资源优势与饱和投入。不同的产品和产业给企业带来的创收效率是不一样的，企业要识别并放弃那些对自己的主营业务影响大，拉低企业运营效率的产品和产业，同时将节省出的精力和资源投入自己更擅长、竞争力更强的产品和产业。

克里斯·祖克提出："一个企业如果不了解自己的核心业务，它就无法了解其业务差异化的根源，也不知道如何实现盈利。"

企业只有明确自己要做什么，并专注于核心主业，充分发挥自己的核心竞争力，才能实现经营效率的最大化。

在聚焦主航道上，华为做得尤为出色。

华为最重要的理念创新就是，敢于在"战略机会点"上聚集力量，不在"非战略机会点"上消耗力量。华为的聚焦战略至少体现在六个方面上（见图 4-3）。

（1）市场聚焦：集中工作在最需要“火力”的市场上，实行目标精准打击。

（2）主航道聚焦：收缩战线，只做一件事。

（3）业务聚焦：明确核心业务，坚持战略业务。

（4）投资聚焦：收缩边缘化产品，梳理乱投资行为。

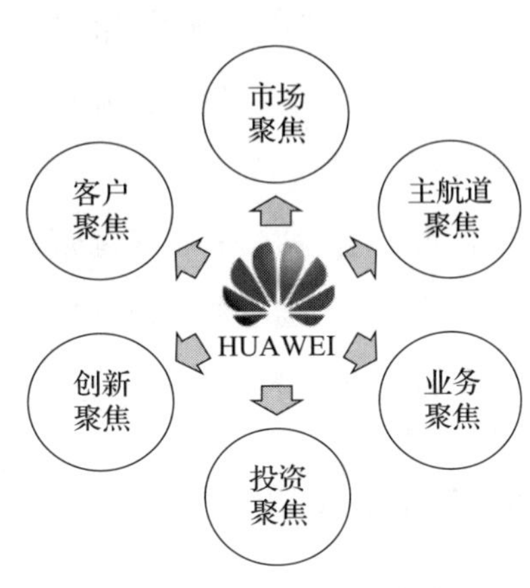

图 4-3　华为的聚焦战略

（5）创新聚焦：厚积才能薄发。

（6）客户聚焦：优质资源向优质客户倾斜。

任正非曾阐述道：“华为从创建到现在，实际上只做了一件事，即义无反顾、持之以恒地专注于通信核心网络技术的研究，始终不为其他机会所诱惑。而且即使在核心网络技术中，也在通过开放合作不断剥离不太核心的部分。”聚焦在华为另一个方向上的体现，就是收缩战线，剥离那些与主航道不相关的业务，即使这些业务发展得还不错。

2001 年，华为将非核心子公司安圣电气（Avansys）卖给爱默生，而 2000 年，安圣电气的销售额已达到了 26 亿美元。2005 年和 2006 年，华为分别出售 H3C 公司（现名“新华三技术有限公司”，已于 2009 年被惠普公司收购）2%、49% 的股份，完全退出 H3C 公司。2019 年 5 月，华为遭遇美国“实体清单”的制裁，面对困境，华为在战略上最重要的策略就是强化“聚焦战略”——砍掉了一些不重要的边缘产品，把资源和力量汇聚到主航道上来做主力产品。2020 年 3 月，华为将其旗下全资子公司华为海洋网络（香港）有限公司 51% 的股权卖给了亨通光电，即使其 2018 年的销售额已超过 18 亿美元。

华为是不是“把所有的鸡蛋放在一个篮子里”？从表面上看，华为是把所有的鸡蛋放在了通信网络核心设备这个篮子里，但深入考察会发现，ICT 基础设施实际上包含一个庞大的产品和业务组合，这个组合的最大特征就是技术相关性强，存在明显的规模经济和范围经济性。况且产品组合是一个篮子，市场组合却不是一个篮子，华为的市场分布在世界各地，其中有运营商，还有大量的企业客户，覆盖的区域也非常广。正是这种业务聚焦、市场广布的战略，既极大地增强了在一个领域的突破力，又有效地分散了风险。

坚持针尖战略

聚焦战略的极致，是针尖战略，把所有的力量凝聚到一个点上，在这一点上投入超强力量，形成局部优势，实现战略突破和领先。投资大师查理·芒格提出的“最大化最小化模型”，也表达了同样的意思，该模型认为，“取胜的系统在最大化单一要素和最小化其他要素上，走到近乎荒谬的极端”。

华为是针尖战略的坚定践行者，《华为基本法》写道：“在成功的关键因素和选定的战略点上，以超过主要竞争对手的强度配置资源，要么不做，要做就极大地集中人力、物力和财力，实现重点突破。”不仅是华为，其他人效冠军都不约而同地采取了同样的经营策略。

1978 ～ 1998 年，万华化学还是一个默默无闻的地方小厂，通过从国外引进 MDI 装置开启了自我创新之路。引进之初，该装置一直无法稳定运行，直到 1993 年这套十多年未达产的 MDI 装置，产能才提升到 1.5 万吨 / 年。

21 世纪初，随着我国加入世界贸易组织，MDI 市场供不应求，跨国化工巨头都盯上了巨大的中国消费市场，计划在长江流域设厂，仅在上海就获批了两套装置，一套年产 16 万吨，一套年产 35 万吨。万华化学面临着生死大考，彼时这家年获利能力不足 5000 万元、净资产只有 6.5 亿元的公司，做出了投资 25 亿元自建 16 万吨 MDI 装置的重大决策。在外人看来，这一举动的胜算并不大。一位国内同行曾直言：“你们与跨国公司竞争，就像在五星级宾馆边上搭棚子炸油条。”但万华化学迎难而上，在外部技术封锁的情况下，整个公司倾其所有进行项目攻坚。2002 年 10 月，万华化学技术团队终于攻克年产 16 万吨 MDI 项目，并真正掌握了生产 MDI 的核心技术。

这种向死而生的针尖式投入，让万华化学实力大增。2005 年年底，万华化学宁波 MDI 项目一期工程 16 个装置全部一次投料成功，比国外巨头上海项目提前 9 个月完成。随着技术能力和产量的不断提升，2008 年，万华化学又启动了二期 30 万吨年产 MDI 主装置及配套项目。2009 ～ 2013 年，万华化学持续加大 MDI 项目投入，打造自己的核心竞争力。2010 年，宁波万华二期 MDI 项目正式投产，并打通了上下游一体化的产业链。2013 ～ 2014 年，万华化学分别在广东、四川建厂，并走出国门，在 2016 年收购了匈牙利宝思德化学公司（产品主要也是 MDI 等）。

从 2002 年攻克 16 万吨 MDI 项目，到 2016 年收购宝思德，万华化学持续 15 年在 MDI 和聚氨酯这个点上不断投入，在产能规模、生产成本、技术工艺等方面不断精进，逐步成长为世界第一大 MDI 制造商和世界第三大聚氨酯制造商，赢得化工界“华为”的美誉。

在聚焦核心业务的前提下，坚持针尖战略的华为和万华化学赢得了巨大的竞争优势，使它们在细分领域独领风骚。坚持针尖式投入，才能构建超强的竞争优势，进而获取超越竞争者的利润，这为企业在核心领域中加大投入奠定了基础——这是企业形成竞争优势的良性循环。人效冠军一开始也并不是行业中的佼佼者，正是因为在战略上采取和坚持了聚焦和针尖战略，才逐步获取了竞争优势，产生了较高的人效，从而成为人效冠军。

寻找第二曲线

创新理论鼻祖熊彼特说：“无论把多少辆马车连续相加，都不能造出一辆火车。只有从马车跳到火车的时候，才能实现 10 倍速的增长。”如果企业能够实现产业的升级跃迁——从低附加值到高附加值、从低端到高端，就会获得更高的人效。因此，寻找第二曲线——基于核心优势的多元化发展，成为人效冠军在某些情境下的必然选择。

多元化是否与战略聚焦存在矛盾？在对人效冠军的研究中，我们找到了这个问题的答案。

人效冠军的战略聚焦并非不进行多元化，只是它们的多元化有明确的路径和方向——基于核心优势和主业进行相关多元化，这种相关多元化既借助了原核心主业的技术、客户关系和手段，又增强了原核心业务的实力，共同构筑了强大的竞争壁垒和产品矩阵，进而提升了企业的竞争力和人效。克里斯·祖克将这种多元化的方式称为“相邻扩张”，他认为，“这种有序的扩张从根本上重新定义了企业核心业务的边界，通过增加新的经营能力从而获得自我增长的机会”。

人效冠军通过“相邻扩张”扩展了核心业务的边界，且相邻业务与原核心业务多为上下游或同一行业类别（见表 4-3），而不是完全的跨行业、不相关的业务领域，所以从战略上看其仍属于战略聚焦。

表 4-3　部分人效冠军核心业务扩展路径

公司	核心业务大致的扩展路径
太阳纸业	纸品→纸浆
万华化学	MDI（TDI）→上游基础石化产品→下游精细化工
格力电器	家用空调→商用暖通空调→生活电器→智能装备
迈瑞医疗	监护仪→超声→体外诊断
恒瑞医药	原料药和基础用药→仿制药→抗肿瘤药→抗肿瘤辅助用药
华为	运营商网络业务→企业业务→智能终端业务

资料来源：根据各公司年报及访谈资料整理。

基于核心优势扩张

人效冠军的扩张经历提示我们，多元化要从核心产业或核心优势进行延展，基于自己的长板来选择下一个赛道。聚焦原主业的最核心优势要素，然后将企业的全部资源投入到这个核心要素上，将其核心优势充分放大，并基于此衍生出企业的第二曲线。

克里斯·祖克也提出五种常用核心业务“相邻扩张”的方法（见图 4-4）：①相互关联客户和产品相邻，通过改进产品和新产品吸引新客户，是最普遍的扩张方式；②客户支付份额相邻，通过开发新产品销售给原有客户群体，提升老客户的购买金额；③网络相邻，利用现有销售渠道和网络实现新业务的扩张；④能力相邻，通过组织的核心能力向其他业务延伸；⑤创新相邻，利用原核心业务的创新衍生出新的业务领域。

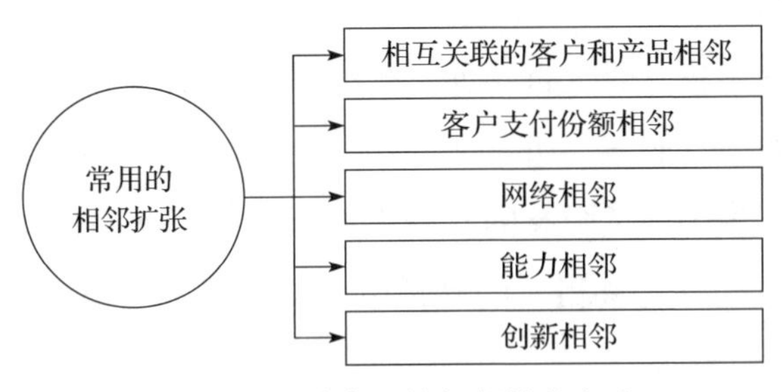

图 4-4　五种常用的相邻扩张方法

上述基于核心优势的扩张，就是人效冠军持续增长的模式，也是其实现高人效的原因之一。

太阳纸业始终秉承坚守主业的企业发展理念，把造纸做精、做强、做到极致；同时，企业也不断与时俱进，实践创新，在坚守主业的基础上拉长企业产业链条实现产业链上产品的多元化、差异化和价值最大化。围绕造纸产业链，太阳纸业进行上下游多元化布局，合理配置产品结构，持续实现企业竞争力的提升。

早在 2010 年，太阳纸业就开始布局国际市场，率先在老挝投资建厂，并迅速开创“林浆纸一体化”的生产模式。通过“林浆纸一体化”项目的布局，太阳纸业有效解决了制约公司发展的上游原料瓶颈，提升了对原料的掌控能力；不仅在较短的时间内将公司打造成极具市场竞争力和规模优势的纸、浆工业基地，还大大降低了生产成本，提升了公司的经营业绩和人效，保持了原纸制品主营业务在市场中的核心竞争力。

森马服饰旗下一共拥有17个品牌，包括8个成人休闲品牌、3个儿童服装品牌以及由这两大品牌延伸出的其他6个品牌。其旗下的童装品牌“巴拉巴拉”在我国童装行业的市场占有率长期保持在第一位；成人休闲装品牌“森马”的市场占有率排名也在休闲服行业位居前列。

在成人品牌方面，森马以成人休闲品牌为主，并细分出多个主打的男、女装品牌，在品牌定位上也覆盖了高、中、低端多个层次。此外，森马还在女装方面进行延伸，推出特别的少女装品牌和内衣品牌。在儿童品牌方面，森马的儿童服装对儿童各年龄层次、各品牌档次进行了全覆盖，并在儿童服装的基础上，延伸出了儿童配饰与校服品牌。此外，森马还在与儿童相关的其他领域进行了业务布局，包括儿童游乐园以及儿童教育等。

森马的业务布局看起来具备多元化特征，但其扩张模式都基于长板战略，即在核心优势的基础上进行扩张。森马董事长邱光和曾言：“森马创办这23年来，我们有一个重大的突破，就是较早地采用了虚拟经营的商业模式，生产、销售两头在外，集中力量做研发设计、品牌推广、信息化建设和组织活力提升等工作，这是森马的优势和核心，把长板做长，把短板外包，这也是我提倡的‘新木桶理论’。”

所谓虚拟经营模式的核心就是企业为取得最大优势，仅保留最关键的职能，而将其他功能虚拟化，通过各种外力进行整合互补，帮助企业实现稳健增长。

邱光和解释道：“人们都在说木桶理论，企业的竞争力取决于最短的那块板，而我们只是把长板做长，把短板交给别人。”

“虚拟经营”的森马，仅生产一项，就节约了2亿多元的生产基地投资和设备的购置费用。“将短板交给别人”之后，森马便致力于把自己的长板做得更长。这是森马基于核心优势扩张的基础。

森马以业务多元化、多领域、多品牌作为其发展战略，但这是基于核心业务做强的基础之上的。特别是在儿童领域中，森马试图以儿童服装作为切入点，在儿童其他相关领域中实现跨领域业务拓展和布局，为公司打造更多新的盈利增长点，这些都以构筑巴拉巴拉童装领头地位为基础。

布局未来产业

在多元化的过程中，人效冠军往往非常主动，它们以一种未来视角考虑公司在核心主业相关领域中的突破，通过超前布局，提前卡位来获得战略优势。对于在已经取得核心主业竞争优势的同时，如何拉大与竞争对手的差距，持续提高人效，人效冠军探索了两条路径：其一是采用投资并购方式；其二是内部孵化。

1. 投资并购快速布局

人效冠军投资并购的目的非常明确，就是基于自己的核心主业进行布局，通过投资并购迅速获取产品、技术等资源弥补核心领域的不足，以保持自己在竞争中的绝对领先。

迈瑞医疗自成立以来始终聚焦于医疗器械行业，从单一产品到多元产品、从国内市场到全球市场、从低端产品到高端产品，产业逐步升级。迈瑞医疗通过外延并购快速构建更为完善的技术及产品线，高效的并购整合帮助迈瑞医疗实现了跨越式发展，新产品快速布局。

自 2000 年起，迈瑞医疗开始逐步进行国际化经营，开始全资设立海外分支机构。

2006 年 9 月，该公司在美国纽约证券交易所上市，成为中国首家在纽交所上市的医疗器械企业，极大提升了它在国际市场上的知名度和影响力。

2008 年以来，迈瑞医疗开启全球并购之路。

2008 年：

- 2.02 亿美元收购美国 DataScope 公司生命信息监护业务，成为全球该行业第三大品牌。

2011 年：

- 控股苏州惠生，获得尿液分析产品及相关研发平台。
- 控股深圳深科医疗，获得输注泵、注射泵和输液监护管理系统。

2012 年：

- 收购上海医光仪器，获得软性内窥镜及配套器械的研发生产平台。
- 控股武汉德骼拜尔，进入骨科耗材领域。
- 控股杭州光典医疗，获得硬式内窥镜及配套手术器械的研发生产平台。
- 收购湖南天地人，获得微生物检测产品和研发平台。
- 控股浙江格林蓝德，获得 PACS/RIS 研发、销售和售后服务平台。

2013 年：

- 收购澳大利亚 Ulco 医疗公司，获得在大洋洲市场上成熟的销售和售后服务渠道。
- 以 1.05 亿美元收购美国超声诊断系统领军企业 ZONARE 公司。
- 控股北京普利生，获得凝血检验研发生产平台。

2014 年：

- 收购上海长岛，从事血栓止血检测试剂的研发。

迈瑞医疗以监护仪起家，成功地将品牌优势和渠道、影响力嫁接到其他细分市场，拓展到了超声、体外诊断领域，完成企业转型升级，最终成为国内最大的医疗器械生产商。

有些企业在投资并购上的盲目与冒进，让很多人自然而然对于企业并购行为产生了怀疑。但投资并购本身，与构造企业核心竞争力并无矛盾。只要坚守核心，做到战略聚焦并有清晰的未来规划，企业通过资本介入，迅速获取稀缺资源，可以节省很多用于研发的时间，帮助企业巩固竞争优势。

2. 内部孵化新引擎

内部孵化是另一个超前布局的方式。它基于自身资源，聚集力量，以前瞻性的持续创新，来保证企业未来持续的领先优势。

中国平安在 2018 年年报中透露，其内部已孵化出四家"独角兽"（估值超过 10 亿美元的未上市公司），其中体量最大的"陆金所"于 2017 年首次实现盈利，"平安好医生"也于 2018 年在香港联交所上市。

中国平安原总经理任汇川认为，平安内部孵化的核心要素包括：一是有资本实力进行研发；二是有很好的客户群基础；三是有足够丰富的场景和足够丰富的数据；四是有战略人才；五是有前瞻性。

据了解，中国平安过去 10 年的科技研发投入费用约为 500 亿元，未来 10 年每年会将收入的 1% 投入到科技研发中，按照目前的趋势，至少会投入 1000 亿元，实施深化"金融 + 科技"、探索"金融 + 生态"的战略规划。

在中国平安联席首席执行官运营官陈心颖看来，即便有充足的资金支持，怎么挑选新业务，怎么孵化新业务也非常讲究。投入主要围绕两个目的：一是服务主业；二是输出科技，建立增长新引擎。在孵化新业务方面，中国平安遵循五大原则。

（1）有入口。例如，中国平安选择医疗生态圈，要抓住医保和商保的入口。

（2）有门槛。新业务要有一定技术含量。

（3）有规模。每一个业务市场潜力都非常大。

（4）有价值。真的要通过技术解决现实问题，带来价值。

（5）可复制。这些技术和业务模式要可以复制到很多城市甚至海外。

“核心优势”+“新应用场景”=“新业务领域”，这是以中国平安为代表的人效冠军寻找第二曲线、实现产业升级的战略公式（见图 4-5）。在产业升级，也就是“+”的方式上，基于自身主航道，充分利用现有资源，通过资本运作、内部孵化的方式快速跃迁，是人效冠军扩大竞争优势，提高人效的重要手段。

图 4-5 第二曲线产生公式

一分战略，九分执行

很多企业经营效率不高、目标完成不理想，不是战略本身出了问题，而是战略管理和执行不到位导致的。

2017 年，《经济学人》智库对 500 名企业高管进行的全球调查发现，超过 90% 的人承认，由于战略实施有缺陷，他们未能实现其所有的战略目标。在最新的调查中，受访者表示，他们的企业仅实现了其战略计划预期成果的 63%。马拉康（Marakon）战略咨询旧金山办事处的执行合伙人迈克尔·曼金斯（Michael Mankins）认为，期望与绩效之间的大部分差距是未能有效执行企业战略导致的。《财富》报道，超过 2/3 的首席执行官由于战略执行不力而失败。《福布斯》也报道只有不到 10% 有效制定的战略能够成功。

人效冠军在战略制定上并无多少聪明之举，但一旦战略制定完成，它们便能保证战略得到强力执行，“咬定青山不放松”的意志体现得尤为明显。通过战略的高效执行，人效冠军切实保证了其目标的达成和人效的提升。“达成战略共识”和“战略闭环管理”是人效冠军保证战略执行效果的关键。

一定要达成战略共识

战略共识甚至比战略本身更能够帮助企业达成目标。

很多企业认识到战略目标的重要性，但在设定战略方向与目标时，往往误入歧途——追求方向与目标的绝对精确。我们一直坚持并不断地向企业家和管理者传递这样的观点：“认同的准确比绝对的精确更重要”。战略工作最核心的部分，不在于战略制定得多么精确，而是如何让企业全员达成共识。达成战略共识，需要让每个员工都清晰了解企业的战略及目标，知道战略对自己工作的要求以及自己的工作与企业战略目标的关联。

战略不是董事长脑海里的想法，战略实现的关键是将董事长的想法转化成战略共识。为了让战略成为每个人的日常工作，在制定战略目标的时候要让更多人参与进来，让更多人表达自己的观点；在战略传播的过程中，要让大家从尽可能多的渠道接收到战略的信息，从而凝聚更多人达成共识。一个明确的、经过充分沟通并达成共识的战略，才能够指导员工在做决定时，清楚应该做什么，应该怎么做。

华为特别强调战略共识的重要性，其强大的战略执行力就是因为有充分的战略共识。达成了战略共识，才会有所谓的“力出一孔”，使大家的力量朝着一个目标努力，同时也做到了“利出一孔”，大家都在一个利益平台上，最终使华为能实现战略上的突破。华为也特别重视战略形成的过程，让大家都清楚这一过程是什么样的。

为了提升战略管理能力，华为曾花费3000万元从IBM引入BLM（业务领先模型，如图4-6所示）。每年从3月开始，华为市场部门都会组织公司总部、各产业、各产品线（BU）、各区域等召开多轮次、多专题，为期2～3天的战略研讨会，利用BLM进行充分的战略研讨，直到10月前后最终形成公司整体和各BU未来的战略规划。

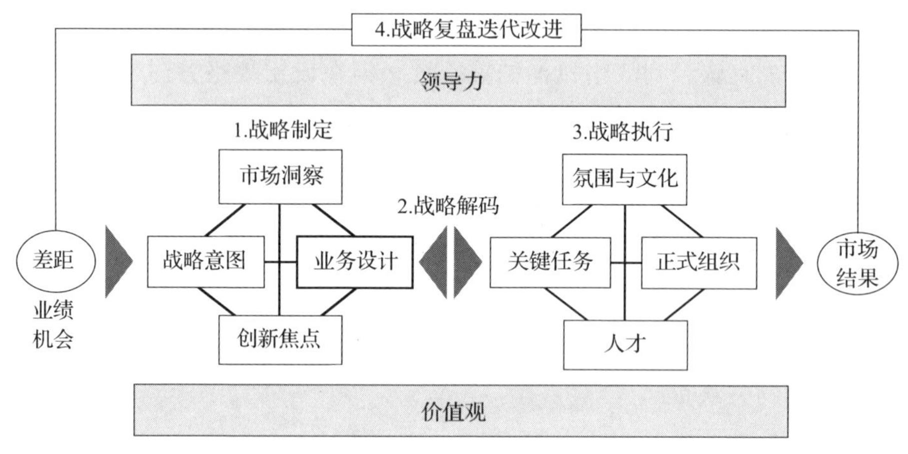

图4-6 BLM

差不多从同年的10月开始，华为的战略解码会无缝衔接，所有部门开始就之前确定的战略规划进行分解、制订行动方案并形成关键指标，向各单位、各部门发布。这个过程大概会持续到次年3月前后。在华为，这叫作从战略规划（SP）到商业规划（BP）的转换。

战略解码（见图4-7）的过程，是帮助公司的执行层去理解公司战略并找到战略和自身关系的过程。战略解码需要解决的关键问题是：要支撑战略实现，必须要完成的关键任务是什么，这些任务应该由哪些人、哪些部门去承担。

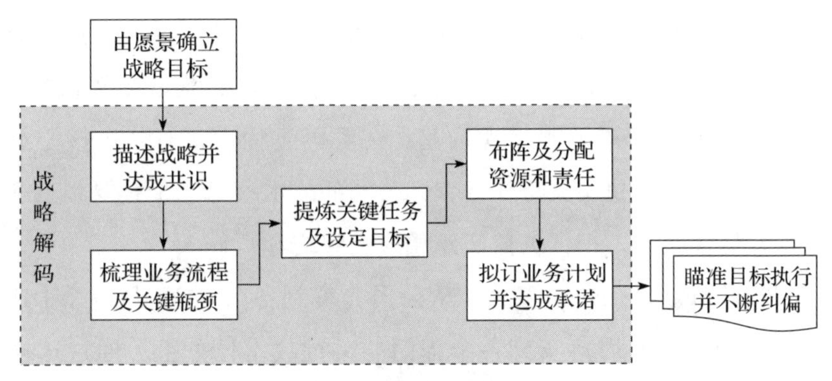

图 4-7 战略解码流程图

战略解码的方法有很多，从战略地图、平衡计分卡（BSC），到目标与关键成果法（OKR），从瓶颈突破法（TOC）到个人绩效承诺（personal business commitment，PBC）等。无论什么方法，目的都是助力战略目标的达成，企业结合实际情况选择即可，任何一种方法都可以支持适合的企业达成战略的成功。在战略解码过程中，企业需要关注一些核心的输出点，来验证战略解码是否顺利完成了。完成后，公司应该可以输出一张从公司到基层单位，再到每个员工的战略战术分解图（见图 4-8）。在这张图中，每个人都背指标，都有任务。

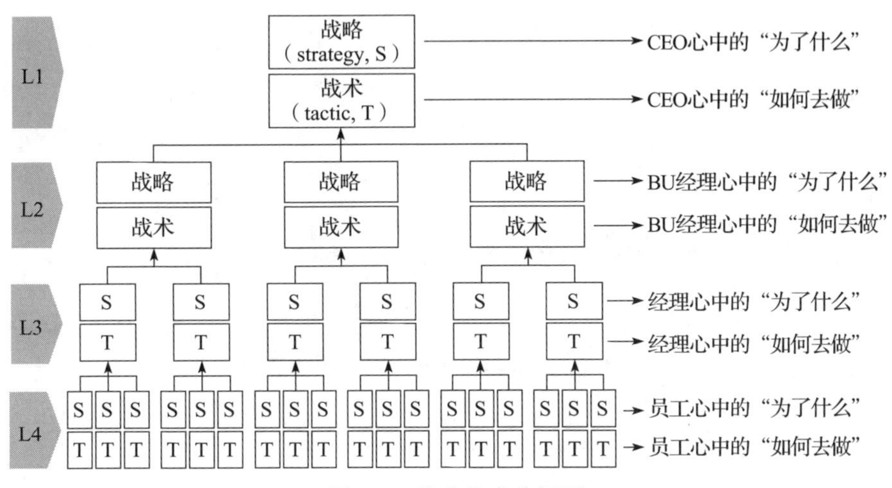

图 4-8 战略战术分解图

上级部门的战术如果不能分解成下级部门的战略，就说明这个战术成了“孤儿环节”，未能落地。下级部门的战略如果不能支撑上级部门的战略，就说明公司解码出现偏差。在解码过程中，有几个核心点需要关注：第一个是找到关键任务，即公司的战术；第二个是要跟当前的组织能力结合起来，把任务落实到相应的组织和责任人。

战略解码会会召开很多次，从公司分解到各个 BU，从各个 BU 分解到各个产品，最后落实到各个部门的关键战术任务上。通过这样的一个从战略规划到战略解码的全过程，整个公司上下将达成充分的共识，形成全局一张图、一盘棋的局面，执行自然高效。

对于很多中小企业而言，上述过程可以更简单地完成，一般召开 2 ～ 3 场战略共识研讨会，就完成了战略规划和战略解码的全过程。在提前准备的情况下，一次为期 2 ～ 3 天的战略共识研讨也可以完成这一工作。让中高层真正参与每一个环节，群策群力发挥团队智慧，弥补企业家在战略洞察方面的不足，最终达成共识并执行，这是战略共识研讨会的核心。一场全面的战略共识研讨会，涉及对于市场环境的分析、对自身优劣势的盘点及对未来的规划，一般企业的中高层会参与会议。我们将战略共识研讨会的会议过程总结为八大步骤（见图 4-9）——市场洞察、发现优势、共启愿景、明确战略、寻找差距、关键举措、确定指标、指标分解（具体方法和步骤可参见《重构绩效：用团队绩效塑造组织能力》）。

图 4-9 战略共识研讨会的八大步骤

战略闭环管理

成功实施战略要花费比制定战略更多的时间。为了让战略高效地执行，人效冠军都有一套战略管理机制，形成了从战略制定到战略跟踪、分析、纠偏、回顾的闭环管理（见图 4-10），各种相互依赖的环节形成了战略执行的整个过程。每个人效冠军都设置了战略管理控件以提供反馈，使管理人员了解战略执行情况，并保持动态和自适应，以应对外部的冲击和意外事件的发生。

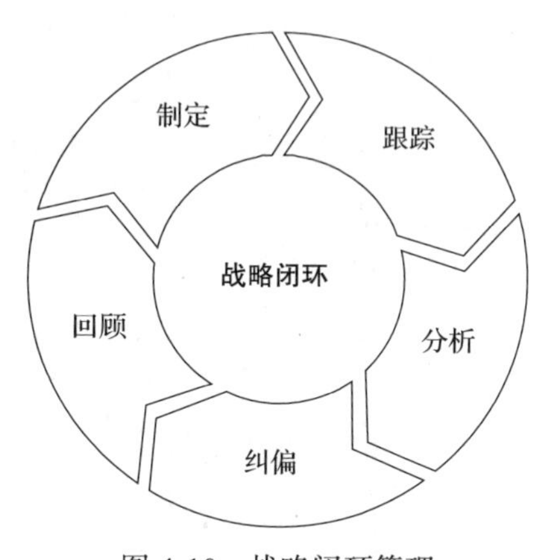

图 4-10　战略闭环管理

战略闭环管理是一个完整的管理体系，它能帮助企业的管理者管理好战略和运营。在制定明确的战略目标后，根据目标分配资源，明确运营措施的优先顺序，迅速确定这些决策对运营和战略的影响。管理者在实施战略和运营计划的过程中监督和改进，定期回顾运营数据以及外部环境和竞争对手的有关数据，评估取得的进展，并确定战略实施存在哪些障碍。

为完善战略执行全过程，华为总结了一套业务执行模型（BEM），它对 BLM 很多关键任务的落实用 PDCA 的方式来进行相应的闭环管理（见图 4-11）。

在华为战略执行闭环管理的过程中，有三个非常重要的工作。

一是财务核算。财务数据是战略执行效果最直接的评价依据和监控手段，是识别公司差距的关键证据，所以战略执行管理第一个重要的工作就是要做好财务核算。

二是经营复盘。经营复盘就是基于战略执行结果进行差距分析，寻找差距产生的根本原因，并在制度、流程、策略等方面及时进行战略执行的动态调整。

BEM通过对战略逐层逻辑解码，导出可衡量和管理战略的KPI以及可执行的重点工作和改进项目/任务，并采用系统有效的运营管理方法，确保战略目标达成

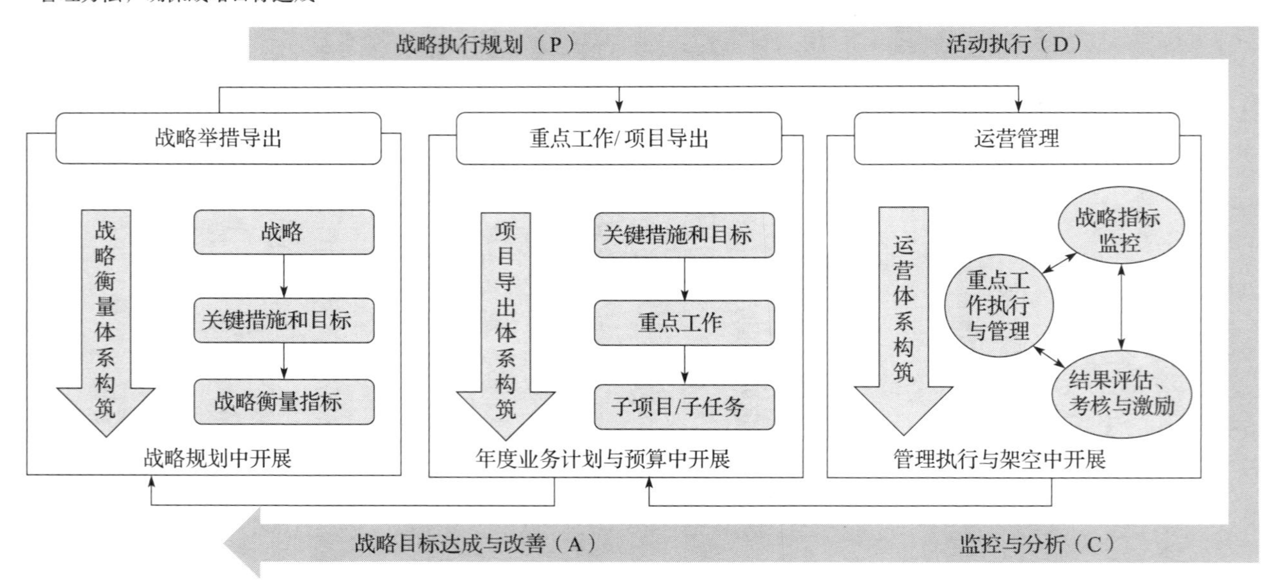

图 4-11　BEM

三是战略评估。战略评估就是很多人常说的绩效管理，是论功行赏的工作。很多公司的绩效管理和战略管理经常是脱节的，绩效管理没有围绕战略目标的达成来开展，没有推动战略的执行。

在华为有一句话：一切结果用你的军功章来换，一切用结果来说话。在战略评估环节，就要审视公司最终的市场结果、公司最终的市场产出、公司最终的客户评价，是不是跟公司前期的目标一致。不一致，说明做的是无用功，即便很辛苦，也没有任何价值。所以华为通过绩效管理和战略评估牵引每个部门和员工的战略执行效果。

战略闭环管理中，组织管理能力的持续打造也非常关键。华为通过业务流程、制度、IT 平台、会议管理等方式，让所有员工都能围绕战略执行自主、有序地协作起来，而不需要组织施加太多干预。通过这些管理机制，华为战略的执行效果得到了有效保障。华为高级顾问吴春波在评价华为的战略时说，“华为没有伟大的战略，战略真正能落地实施是华为战略的特色”。

华为如此，很多人效冠军也是如此，没有一家企业不在战略管理上精耕细作，在组织能力的打造上长年累月坚持，只为不断提升内部的经营效率，这才有了人效冠军精细化的管理模式和强大的组织能力。人效冠军无一不是行业内的管理标杆，从这点上说，它们的胜利是战略聚焦的胜利，也是战略共识和落地的胜利。

■ 关键发现

- 人效冠军在战略选择上都是长期主义者，它们一旦选择一个赛道，便持续保持专注。
- 在聚焦主航道的过程中，企业常犯的错就是存在多个产品线和在多板块上进行均摊式的分配，一旦出现这样的情况，人效冠军便会及时纠正，剥离非核心业务。
- 对于核心业务使用针尖式投入是企业保持竞争力的秘诀。

- 人效冠军的多元化基于核心优势和主业进行。
- 人效冠军一般都采用投资并购和内部孵化两种方式，布局基于核心优势的多元化。
- “核心优势”+“新应用场景”=“新业务领域”，是人效冠军寻找第二曲线，实现产业升级的战略公式。
- 一分战略，九分执行，很多公司经营效率不高、目标完成不理想是战略管理和执行不到位导致的。

■落地工具

- 工具一：战略聚焦的针尖模式。
- 工具二：基于核心优势扩张的五种方法。
- 工具三：第二曲线产生的公式。
- 工具四：战略研讨 BLM。
- 工具五：战略解码流程图。
- 工具六：战略战术分解图。
- 工具七：战略共识研讨八步法。
- 工具八：战略闭环管理图。
- 工具九：业务执行模型（BEM）。

第5章

研发创新

一个没有创新的企业，是一个没有灵魂的企业；一个没有核心技术的企业，是没有脊梁的企业，一个没有脊梁的人永远站不起来。

——董明珠

科幻作家刘慈欣的科幻小说《三体》中，高等文明对付低等文明的方式被称为“降维打击”。在现代企业商战中，人效冠军通过不断的研发创新投入，以遥遥领先于竞争对手的综合实力，实现了对竞争对手的“降维打击”，进而创造高人效。

最近几年，在需求萎缩的背景下，纸业上市公司的业绩波动非常大，太阳纸业的业绩却逆市稳步提升。2013 ～ 2018 年，太阳纸业分别实现归属于上市公司股东的净利润 2.85 亿元、4.69 亿元、6.67 亿元、10.57 亿元、20.24 亿元、22.38 亿元，同比分别增长 61.40%、64.71%、42.20%、58.52%、91.55%、10.54%，年平均增幅近 55%（见图 5-1）。

为什么太阳纸业能在波动的市场环境中平稳、高速发展？“就是靠创新。”太阳纸业董事长兼总经理李洪信说，“要想熨平行业周期，必须依靠技术创新，打造高性价比的差异化产品，用最新、最前沿的创新成果引领企业始终走在行业前列。”

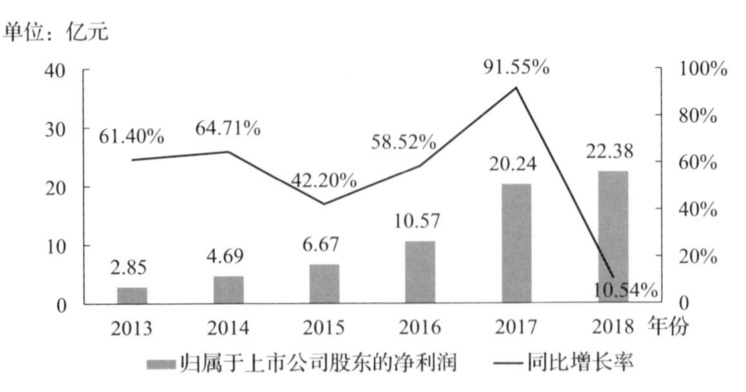

图 5-1 2013 ～ 2018 年太阳纸业归属于上市公司股东的净利润情况

在技术研发上，从团队建设、研发投入到技术创新，太阳纸业紧跟产品市场变化。目前太阳纸业已经应用或正在研发的各项新技术、新工艺均已达到国际一流水平。太阳纸业构建的科技创新体系中，双层研发体系最具代表性：一层开发具有颠覆性的世界首创技术及产品；另一层重点加强供给侧领域的实用性技术创新，使产品更加贴近市场、更能满足客户需求。这让太阳纸业拥有了有竞争力的产品体系。

在工艺技术的改进上，太阳纸业持续探索降本增效的方法，通过工艺改进项目，促使产品结构更加优化，更具竞争力。太阳纸业的技术人员曾说过：“其实有些产品的功能是过剩的，比如以前生产扑克牌纸，要求是耐折 2000 多次，其实 1000 次就足够了，我们就跟客户多次沟通，取得共识之后，工艺和原料配比一改，成本大幅下降，对双方都有好处。”面对进口废纸政策收紧和原料紧缺的状况，太阳纸业另辟蹊径，用一部分半化学浆来代替废纸，成本比全部用废纸还便宜。结果，生产的本白双胶纸一经推出，立刻受到市场青睐，供不应求。在李洪信看来，“即使是微小的工艺创新，对于产品销量提升的作用也是巨大的”。这些措施让太阳纸业拥有了综合成本持续低于行业平均水平这一核心竞争力。

万华化学在研发创新上也是魄力非凡。1993 年，时任万华化学分厂总工程师的丁建生对总厂领导说："要想不被人掐脖子，就必须研发出具有自主知识产权的 MDI 装置！"当时，总厂研究院一致反对。因为 MDI 技术起源于 20 世纪 30 年代的德国，所有技术对第三世界国家严格封锁。丁建生一头扎进 MDI 装置的研制中，花了半年时间，做到了对几十万个零部件了如指掌。为了研究工艺流程和其中的化学反应，丁建生与国防科技大学、中科院计算机所等多家单位合作，成功开发出 MDI 工艺流程计算机模拟、核心化学反应计算机数学模型，开发出国内首套制造工艺技术软件包。3 年后，万华化学终于完全掌握了整个 MDI 技术，这也标志着我国成功冲破西方长达 60 年的技术封锁，成为继德国、美国、英国、日本之后，第五个拥有 MDI 自主知识产权的国家。从此，濒临倒闭的万华化学走上腾飞之路，成为千亿市值的中国化工界的"华为"。

研发创新可以使企业打造极具竞争力的产品，给企业带来超额的收入和利润，还能助力企业在产品生产上降本增效。在帮助企业构筑核心竞争力的同时，研发创新也在促进企业人效的大幅提升。

人效冠军的研发创新从人人都是"改进师"开始，在方向上贴近市场、在策略上聚焦、在组织上集成，这种立体式的研发创新机制让它们获得了强大的竞争优势。

从人人都是"改进师"开始

颠覆性的研发创新对于任何一家企业的重要性都不言而喻，但颠覆性创新可遇而不可求。在许多成功企业的经验里，我们看到更多的是持续改进，而非颠覆性创新。

持续改进是指"对企业在不同领域或工作位置上所做的不断的改进和完善"，起源于 TWI（training within industries）和 MT（management training)。第二次世界大战后，TWI 被美国军火工业广泛应用于“工业内部培训”，但是在日本产生的影响最大，至少有 1000 万名日本企业界的领导、专业人员及员工接受了 TWI 培训，对日本企业管理的理论和实践有深远的影响。最初，持续改进只是为了解决企业的产品质量问题，现在已经被运用到企业的整个管理体系之中。

持续改进也是创新的形式之一，是持续的渐进性创新。持续改进是所有企业都可以做到的一种创新形式，任何企业都可以借助它实现从平庸到优秀甚至从优秀到卓越的飞跃。持续改进强调全员性，即企业要发动全员参与到企业全面的持续改进工作当中，让人人成为“改进师”。

沃尔玛的全员创新源于创始人山姆・沃尔顿，他说：“倾听公司里每个人的意见，他们是办法的最好来源地，是点子大王，要想方设法让他们畅所欲言。一线员工才是唯一知道实际情况的人，……你最好了解他们知道的事情，这实际上也是全面质量管理和提升人效的精华所在。”

沃尔玛非常注重打造全员持续改进的文化氛围。随时向所有员工征集好点子，是沃尔玛追求卓越的文化体现，任何员工，包括实习生、兼职工甚至顾客都可以向公司提建议。提建议的渠道有很多，比如通过邮件、信箱、热线电话、管理层、HR 等。此外，沃尔玛还有一个独特的收集员工建议的方式，叫草根会议。每月商场总经理与部分一线员工召开面对面的会议，不仅可以聆听员工的心声，帮助他们解决实际问题，还可以获得员工建设性的改进建议。

“最佳实践”是沃尔玛推行全员持续改进创新的另一个表现，可以帮助企业提升效率的做法就是分享最佳实践。无论你在什么岗位、什么部门，在任何情况下，你经过实践，认为行之有效并能够给公司、部门、员工或顾客带来价值的任何做法，都可以分享出来，哪怕是一个公式、一张表格。

在沃尔玛，每位同事都有责任在工作中挖掘好的做法，通过实践验证并分享给大家。沃尔玛有标准化的文档收集最佳实践，每周或每月会通过会议或邮件及时分享给其他部门或业务单元。有的最佳实践可以使工作更高效，如标准化表格的使用，通过减少员工的工作量，降低人工成本；有的可以给公司带来更高的销售额，如某个商品的交叉陈列，缩短了顾客选择商品的时间，提升了单品的销售额；还有一些最佳实践为公司节省了数十万甚至百万千万的费用。沃尔玛鼓励不断创造、发现最佳实践的文化氛围，在提升人效上起到了关键作用。

沃尔玛的扶梯两边或中间都会陈列一些小商品，这被称为“冲动性陈列”。陈列于这个位置的商品很容易让顾客产生冲动性的购买欲望，从而提升门店的销售额。这个主意最初来自一名门店员工，他发现，顾客上下扶梯时要么聊天，要么沉默不语，要么看周边的宣传画，要么低头看手机。这个员工觉得，顾客来到沃尔玛，沃尔玛应该充分利用他们的购物时间，让他们每时每刻都能接收到商品信息，那么如何让这个空白时段也产生销售额呢？

当员工提出这样的想法时，门店经理与其他管理者立即开展了头脑风暴，收集了各类建议。一周后，他们便开始在店内尝试，在扶梯两边及中间的空置处摆上商品。由于搭乘扶梯的时间较短，留给顾客思考的余地不多，因此商品的选择充分考虑了此时的顾客需求，比如单价在 10 美元以下、独立包装、颜色鲜艳、商品不超过 3 类等，每隔两周换一批商品，让常来的顾客保持新鲜感。经过 1 个月的实践，他们发现这里陈列的商品每天可以带来几千甚至上万美元的销售额。之后，团队优化了当初的一些操作，比如商品陈列成梯形、尽量陈列高毛利商品、价格牌朝向顾客、增加整理频次等。后来，这一创新方式作为最佳实践在全国范围内推广。随着门店的增多，冲动性陈列的最佳实践为沃尔玛带来多达几亿甚至几十亿美元的销售额。这样的最佳实践，在沃尔玛可能每天都在发生。

以客户为中心和以技术为中心“拧麻花”

持续满足客户需求是企业商业成功的直接保障。要做到这一点，既要确定以客户为中心的产品开发策略，通过为客户创造价值来实现企业自身的商业成功，又要对企业研发体系进行长期的技术储备，为客户提供更好的体验、更低的价格，从而驱动业务的不断发展。

2011 年 3 月 31 日华为 EMT 办公例会上，任正非的一段讲话，很好地阐述了“满足客户需求”与“技术引领”两者之间的辩证关系。

我们要加大以技术为中心的战略性投入，以领先时代。我们以客户为中心讲多了以后，可能会从一个极端走到另一个极端，会忽略以技术为中心的超前战略。将来我们以技术为中心和以客户为中心两者要像“拧麻花”一样：一个以客户需求为中心，来做产品；一个以技术为中心，来做未来架构性的平台。

以客户为中心领先当下

以客户为中心，就是以客户需求为中心。人效冠军都有专门的力量去挖掘客户直接需求背后的真正需求。福特汽车创始人亨利·福特说过：“如果我问人们想要什么，他们只会说要一匹更快的马。”客户真实的需求就像冰山一样，除了露出水面的 20% 的显性需求，还有隐藏在水面以下的 80% 的“痛点”和问题。这些隐藏的“痛点”和问题，需要专门去收集和挖掘。

完美地设计了产品功能不等于精准满足了客户需求，不以客户为中心的需求实现，往往是“自以为是的好心”，其结果是好心办坏事。人效冠军在研发方向的选择上，多以市场为导向、以客户需求为中心，紧密贴近和满足客户的“痛点”需求，这样的研发创新提高了企业产品的竞争力。

我们遇到过这样一个案例。A公司是一家从事管理信息系统软件开发的公司，曾为某社区开发了一套虚拟养老院管理信息系统，主要功能是为社区的孤寡老人提供送餐服务。通过与社区工作人员的沟通，A公司了解到目前社区主要通过电话与老人沟通，老人打电话到社区，社区再联系提供餐饮的企业，餐饮配送人员联系老人送餐到家。在这个过程中，社区工作人员需要不断与老人、送餐企业沟通，送餐高峰时社区人员经常响应不及时。因此，A公司想通过信息系统来管理整个流程。经过深入分析后，A公司设计出一套非常完善的送餐系统，包括餐食的定制化、老人健康状况的管理、老人餐饮的建议等。但上线一段时间后，系统使用率并不高，老人和社区工作人员仍然通过电话来联系。A公司调研发现这主要是因为产品的设计超出了客户群体的使用能力。首先，老人在智能手机、电脑的使用上存在一定困难；其次，社区工作人员知识水平有限，系统太过复杂，操作困难。其实，社区需要的只是一个简单的订餐流程。最后，A公司精简了不必要的功能，这套系统在社区中才真正运行起来。

迈瑞医疗坚持以市场为导向的产品研发，不盲目提倡产品面面俱到，而是有所为有所不为，其产品研发的核心就是紧密围绕客户的需求。比如，2015年基于产品渠道协同性等方面的考虑，迈瑞医疗对业务进行了一定的聚焦，停掉了MRI、流式细胞仪、软镜等产品的持续研发。再比如，针对基层医生欠缺超声操作经验、缺乏培训，以及部分科室（如急诊科、麻醉科）医生不能娴熟使用超声仪器的痛点，公司的美国超声研发团队基于大量的客户访谈，研制出没有任何按键的触摸式智能超声产品，激发了潜在需求，使市场对超声产品的需求激增。

万华化学的研发创新之路，也体现了以客户为中心的特征。万华化学在无数次“为”与“不为”的选择中，始终坚守“一切从市场导向和客户需求出发”的初衷。万华化学的华卫琦博士说：“万华化学以客户需求为公司产业化的先导。公司的定位就是客户应用和市场驱动。一方面考验公司对客户的理解能力，另一方面也看公司产品对客户的导向性。只有这样才能切实生产出令客户满意的产品，从而满足客户的需求。”

利用“场景化”的方式去理解客户需求，是确保产品能够解决客户需求“痛点”的很好方式。企业可以把每个细分市场对应的产品和解决方案的场景一个一个列出来，明确要解决什么问题，再通过深度分析，回答如何解决，具体可以分为以下三个阶段（见图 5-2）。

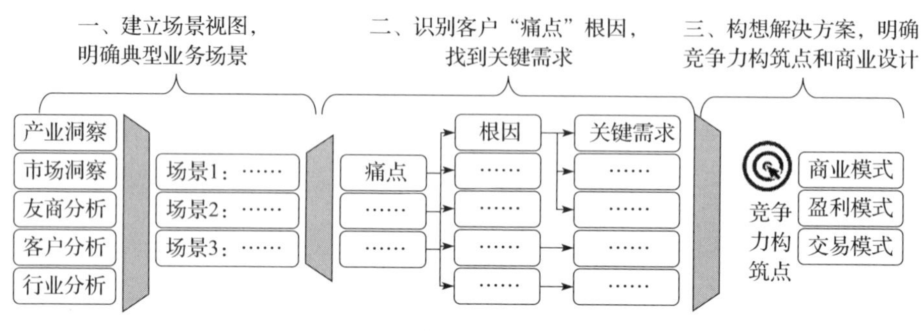

图 5-2　场景化需求明确

第一阶段，建立场景视图，明确典型业务场景。在这一阶段，企业要联合研发、市场、销售等部门组成“需求洞察团队”，从多角度理解客户需求。在这一阶段，为了更好地理解客户，企业可以与典型客户合作。人效冠军多采用联合创新的方式，通过线上与用户交流、现场考察等方式了解客户的业务场景和诉求，形成客户业务场景全视图。它们通过分析客户以及类似客户在这些业务场景中面临的压力与挑战，聚焦有代表性的场景。

第二阶段，识别客户“痛点”根因，找到关键需求。以客户场景中的关键用户、关键事件作为切入点，进一步分析场景背后客户的“痛点”和原因，并明确这些“痛点”的大小与因果关系。在提取“痛点”的基础上，归纳和总结关键需求与场景的对应关系，以及这些需求能带来的商业价值。在这个阶段最重要的是在客户、行业、合作伙伴中找到“明白人”，并积极与这些“明白人”互动，识别需求的真伪和需求背后的商业价值。

第三阶段，构想解决方案，明确竞争力构筑点和商业设计。结合前期识别出来的关键需求，站在客户场景角度构建解决方案，明确解决方案设计思路和竞争力构筑点，用形成的解决方案构想去验证实际的可能性，找到解决方案给客户带来的价值的同时，进行相应的解决方案商业设计，构建商业变现思路。

以技术为中心谋求未来

人效冠军都保持着持久的生命力，它们总能领先于竞争对手开发出引领时代的产品。这得益于它们深刻认识到，要关注客户的现实需求和长远需求，要以发展的观点看需求，要有对市场的灵敏嗅觉和洞察能力。企业不仅要以客户为中心，关注客户当下的需求，还要以技术为中心，深谙技术发展规律，进行战略性、储备性的研发创新。

华为消费者业务 CEO 余承东接受媒体群访时谈到，华为在研发方面的投入坚持开发一代、跟踪一代、预研一代，未来要做到四代。这正是华为在研发上保持领先的关键。5G 通信、麒麟芯片等标志着华为在一些前沿领域，不论是研发投入还是成果输出均走在了世界前列。华为轮值董事长胡厚崑在 MWC2019 上海峰会上称，华为在 5G 研发方面累计投资达 40 亿美元，已研发 10 年。华为在 5G 方面投入早、规模大、范围广，其研究的范围包括材料、芯片、关键算法、散热工艺在内的多个方面，最终实现了华为的 5G 专利在行业中占比达 20% 的巨大成就。

招商银行将摩羯智投引入其 App 端口，是其在金融科技领域的一项重要突破，并因此成为国内首家推出智能投资顾问系统的商业银行。摩羯智投借助大数据分析，根据客户以往的产品选择以及相应的投资收益满意度，加之客户自身的风险承受能力，通过机器学习模型为客户挑选最合适的基金产品，既解决了客户挑选产品时的烦恼，又最大限度地消除了机构与客户之间发生产品纠纷的隐患。

格力电器在研发方面曾提出“长短结合”战略，其研发团队既包括围绕现有产品的团队，又包括围绕长期前瞻性研发的专门团队。截至 2019 年 9 月 20 日，格力电器累计申请专利 57 205 项，其中发明专利 27 381 项。在“2018 年我国发明专利授权量排名前十企业（不含港澳台）”榜单中，格力电器以 1834 项位居第六。值得一提的是，其“光伏直驱系统及其控制方法”专利技术在 2013 年时便被鉴定为“全球首创，国际领先”。应用该专利技术的产品 2015 年被英国 ARC 制冷学会授予年度国际成就大奖，2017 年和 2018 年先后获得第二届全国质量创新大赛一等奖等。从社会价值来看，该技术的研发突破，大幅推进了光伏制冷行业节能化进程，对建立清洁型、节约型社会具有重要意义。从行业价值来看，这项技术将开拓制冷行业发展的新方向，孵化出直流电气、直流微网等产业，将推进光伏直流生态建筑的应用。

很多企业在研发上存在这样的误区，即在强调技术引领时往往脱离了客户需求，在强调以客户为中心时却又忽视了技术引领的超前战略。人效冠军能够很好地平衡客户需求与技术引领之间的辩证关系，它们既重视对行业市场的理解、客户需求的判断，也痴迷于前沿技术、能进行战略性的投入，进而为满足 10 年后的客户需求提前做储备。

不设上限的研发投入

只要明确了研发领域，人效冠军的投入都是持续性大额投入，几乎不设上限。

格力电器在研发方面“按需投入，不设上限”。2010 年 7 月 15 日，格力电器原董事长朱江洪在北京人民大会堂宣布，旗下自主研发的三项空调核心技术通过国家鉴定，其主要技术指标不仅在国内同领域中遥遥领先，也超越了美、日、欧等国际同类产品。中国科学院院士周远评价称，格力电器自主研发的这三项核心科技均具有显著的节能、低碳、环保等特点，具有良好的经济和社会效益。其中，G10 变频技术如果为全部国内空调企业所采用，按 2009 年内销 2672 万台套计算，每年可节约 125.8 亿度电能，相当于减少二氧化碳排放 1255 万吨。

“即使是遭遇严重的金融危机，格力电器仍然逆势全面飘红，持续取得高速增长的秘诀就是掌握核心科技。”朱江洪表示，“在核心技术研发上我们从不设上限，需要多少投入多少。”

“科研为本，创造健康生活”是恒瑞医药的发展理念，创新是恒瑞医药坚持多年的两大战略之一，也是推动公司发展的动力源泉。“高起点、大投入”是恒瑞医药研发创新的两大典型特征。

恒瑞医药的技术基因使其非常重视技术人才，用优厚的待遇吸引医药研发人才。早在 2009 年，恒瑞医药就引入全球制药巨头礼来制药的首席科学家郑玉群加盟。2010 年礼来制药首席科学家张连山加盟，2012 年礼来制药研究员曹国庆加盟，高端人才的引进将恒瑞医药带入了研发的快车道。从恒瑞医药目前的高管构成也可以发现，其主要高管均是技术人才出身。截至 2018 年年底，恒瑞医药有各类研发人员 3000 多名，其中有 2000 多名博士、硕士及海归人士，这为恒瑞医药的创新药快速研发奠定了坚实的基础。恒瑞医药在海内外逐步设立了以连云港、上海、苏州、成都、南京、厦门、济南、美国、日本九大研发中心为主的完整研发体系，引进各个地区的优秀研发人才，不断为驱动创新增添新的活力。

除了人才以外，恒瑞医药在研发上的资金投入也称得上大手笔，并且是持续的大手笔。恒瑞医药推行以创新支撑销售、以销售反哺创新的良性互动机制，每年研发投入占销售收入的 10% ～ 15%。2018 年，公司累计投入研发资金 26.7 亿元，比上年同期增长 51.8%，研发投入占销售收入的比例达到 15.33%（见图 5-3），无论是人力还是财力，恒瑞医药对研发的投入都远超同行。当然，从结果来看，持续性高研发投入给恒瑞医药带来了巨大的回报。在资本市场认可度上，恒瑞医药的表现也是一骑绝尘。

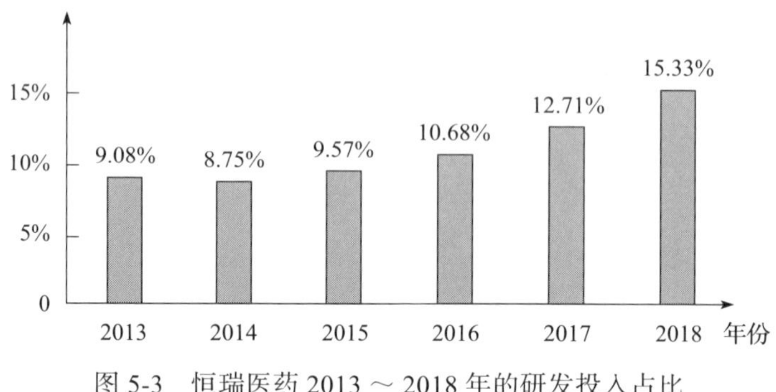

图 5-3 恒瑞医药 2013 ～ 2018 年的研发投入占比

迈瑞医疗研发投入占营业收入的比例多年保持在 10% 以上，2015 ～ 2017 年分别为 12.33%、12.06%、10.13%，该比例已经超过多数国际医疗巨头。迈瑞医疗在全球布局了八大研发中心，拥有研发人员 2258 名，占公司总人数的比例为 24.45%。迈瑞医疗储备了多项核心技术与项目，每年推出 10 余款新产品，平均每款新产品至少使用 10 项专利技术。纵观迈瑞医疗的研发历程（见图 5-4），在技术和产品上的梯次化布局，得益于迈瑞医疗历年来在里程碑产品上持续的研发投入。

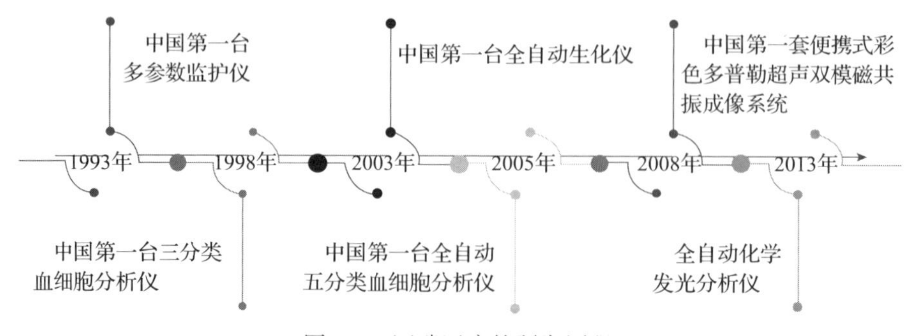

图 5-4 迈瑞医疗的研发历程

精准研发决策六问

企业在研发上做出投入的过程中，会存在滞后效应。有学者以

1035 家创业板公司 2015 ～ 2017 年的数据为研究样本，实证分析研发投入与企业财务绩效、企业价值绩效之间的关系，结果表明：企业的研发投入与企业当期财务绩效负相关，与企业价值绩效正相关。也就是说短期内，研发投入确实摊薄了企业的利润，但是从长期来看，它为企业带来了更高的价值，即研发创新为企业带来了持续的增值。

“滞后效应”体现了研发创新对于企业持续增值的重要性，但企业在“大胆”投资时，仍需要精准决策。对研发的投入，应当像创业投资或资产投资一样，追求回报。人效冠军与其他企业的最大不同是，把研发投入当作创业投资。研发项目发起团队需要有非常完备的商业计划书，核心内容要包含产品规划最关注的六大重要问题。

（1）为什么要立项？项目团队要通过宏观和微观市场分析，围绕客户的“痛点”和商业价值，明确目标市场和市场机会点，设计商业变现手段和如何获取利润。不进入这个市场、不做这个产品，企业未来损失有多大，对企业的影响有多大？

（2）针对客户的“痛点”场景，企业的独特价值和关键竞争力要点是什么，以及如何构建核心竞争力？

（3）什么时候是最佳市场时间窗口？这就是预计产品推出的时间和对客户承诺的符合度，以及相关里程碑是什么。

（4）完成此产品开发需要什么样的项目组团队、成员角色分别是什么？

（5）产品实现策略、商业计划盈利策略、上市营销策略、存量市场的替换策略等是什么？

（6）从资源、财务、设备等多维度视角，说明开发产品需要投入的成本与费用如何。

高度协同的集成化研发

本次研究中，我们试图探究人效冠军研发体系的共性特征。尽管

“每个企业研发的产品与模式千差万别”，但人效冠军更多地采用以团队协作、聚合资源为特点的集成化研发体系。

研发资源的丰富加快了产品研发的速度，但分散化或集成化利用资源模式成为影响研发效率的重要因素。研发资源分散管理，一定程度上使产品能快速响应市场变化，但缺少体系的研发势必带来资源的浪费以及成本的激增。针对该问题，人效冠军形成了集成化、并行化、结构化的模式。这种研发体系的转变，是人效冠军对市场需求的应对策略，也是其对自身研发资源的精细管理，提升了运作效率。

在华为的早期发展阶段，其快速增长主要依赖于中国电信产业的蓬勃发展。当时华为的主要产品专攻中国市场，虽然销售额增长迅猛，但效率始终无法得到进一步提升。1997 ～ 1999 年，华为的毛利率从 45% 下降到了 39%，人均效益只有思科、IBM 等竞争对手的 1/6 ～ 1/3。

为了解决该问题，1997 年，任正非与当时的高层管理团队一起前往美国，拜访了很多世界级企业，包括微软和 IBM，旨在寻求突破这一发展瓶颈的方法。最终，华为从 IBM 引进 IPD 这一工具。IPD 是一套产品开发的模式、理念与方法，以追求研发效率为导向，强调跨部门、跨系统的协同。经过半个多月的访谈，IBM 顾问对当时华为的研发与创新管理现状做出了全面的剖析与诊断，主要包括以下三个结论。

第一，串行研发导致开发周期很长，产品研发被动地响应市场需求且缺乏整体规划，导致维护成本很高，影响了客户的满意度。

第二，严重依赖“英雄”，成功难以复制，“部门墙”较厚，组织能力较弱。

第三，缺乏结构化端到端的流程，运作过程割裂，内耗严重。1997 年，华为研发费用浪费比例和产品开发周期是业界最佳水平的两倍以上。

IPD 要求跨部门的团队在产品开发之前做出相关联的规划，并且在产品开发的过程中相互协调，以保证产品自始至终都是技术领先、成本合理并且符合市场需求的。华为引入 IPD 后，集成、协同的研发思想开始逐步融入华为的研发体系。

2000 年 5 月 17 日，华为启动了 IPD 第一个试点。在 IBM 顾问的指导下，无线业务部大容量移动交换机 VMSCa6.0 产品开发团队经过长达 10 个月的研发，完成了 IPD 流程在华为的首次试运行。从此，集成化研发体系得以在实践中真正实施起来。经过三个产品历时一年的试点，IPD 流程的实施在华为取得了比较好的效果，产品研发总周期缩短了 50% 左右。因为效果令人满意，所以华为扩大了 IPD 的使用范围，从 2002 年开始，所有新启动的项目都按照 IPD 流程来运作。

华为不认为有一劳永逸的革新，在引入 IPD 流程的过程中一直保持持续的进化。自 1999 年启动 IPD 变革以来，华为的 IPD 流程随着公司规模的扩大和管理需求的变化不断优化和改进，直到 2016 年推出“日落法”，华为的 IPD 流程才最终优化完成（见图 5-5）。最终，华为打破了以部门为管理结构的模式，转向以业务流程为核心的管理模式，实现了集成化研发体系的建设。

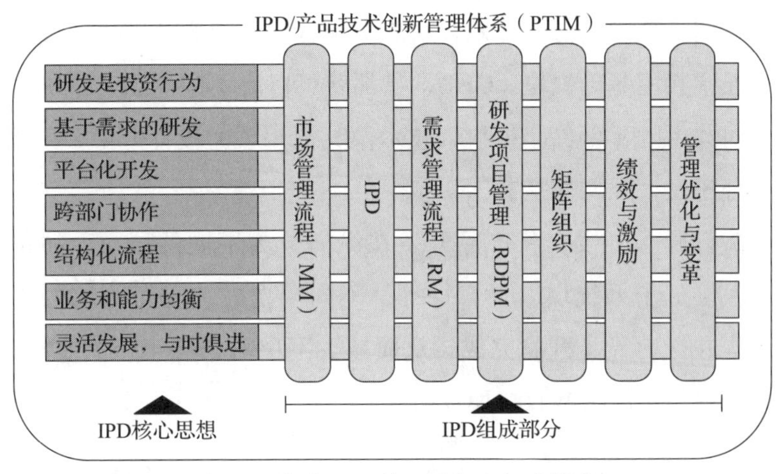

图 5-5 华为 IPD 核心思想和组成部分

在实施 IPD 后，华为的产品开发在保持一套流程体系、主干相同的前提下，具体业务虽各不相同，但末端实现了高效、灵活、定制化。各业务线的流程已经成为业务的真实反映和有效指导，这为华为产品开发效率的提升提供了很大的帮助。

格力电器同样在企业内部打造了集成平台，该平台能够统筹企业的各项研发活动，对企业各类创新资源进行有序组织和管理。平台功能包括承担国家及省市级的科研项目、与外部企业展开合作、促进企业内部各项研发活动的顺利开展等。这些集成平台包括空调设备及系统运行节能国家重点实验室、国家节能环保制冷设备工程技术研究中心、国家认定企业技术中心、国家级工业设计中心等。集成平台的搭建为格力电器顺利开展基础技术、前沿技术的研究奠定了坚实的基础。

实现集成产品开发管理，理念的转变是第一步。企业首先至少要在以下理念上达成统一。

- 必须强调基于市场的创新。
- 技术开发和产品开发相分离。
- 强调对技术进行分类管理，强调核心技术、关键技术的自主开发，一般技术、通用技术合作开发或外包。
- 强调跨部门的协同开发，实现全流程、全要素的管理。
- 强调共用基础模块（CBB，指那些可以在不同产品、系统之间共用的零部件、模块、技术及其他相关的设计成果）和平台建设，强调共享。
- 执行异步开发，将产品开发在纵向分为不同的层次，如技术层、子系统层、平台层等，不同层次的工作由不同的团队并行地异步开发完成，从而减少下层对上层工作的制约，实现每个层次都直接面向市场。

人效冠军意识到：分散式研发已成为过去，打造协同高效的集成化研发体系才是企业塑造研发创新能力的关键。正如任正非所言："为什么我们要认真推 IPD？我们就是在摆脱企业对个人的依赖，使要做的事，从输入到输出，直接端到端，简洁并控制有效地连通，尽可能地减少层级，使成本最低、效率最高。"

■ 关键发现

- 人效冠军的研发创新从人人都是"改进师"开始。
- 研发创新，以客户为中心和以技术为中心同等重要，以客户为中心可以做好当下，以技术为中心可以赢得未来。
- 人效冠军对于研发投入不设上限，但又强调研发立项的精准决策。
- 人效冠军在研发创新上是长期主义者。
- 人效冠军更多地采用以团队协作、聚合资源为特点的集成化研发体系。

■ 落地工具

- 工具一：以"场景化"方式去理解客户需求。
- 工具二：精准研发决策六问。
- 工具三：集成产品开发六大理念。

第6章

组织精益

士气高昂的精锐之师的战斗力，一定强于士气低迷的庞大组织。

——李祖滨

过去30年，伴随着我国经济的快速发展，很多中国企业不断发展壮大，其内部组织系统也由简单逐步转向复杂。只重视规模扩张而忽视组织能力的打造，导致很多中国企业大而不强。当改革开放的红利消减，存量市场的竞争愈演愈烈时，很多企业组织肥胖、后台臃肿、层级过多、部门墙厚重等问题便逐渐浮现且日益凸显，不仅严重降低了组织运行效率，拉低了组织人效，而且蚕食了组织利润。长此以往，这些企业将在激烈的竞争中面对效益快速下滑甚至濒临倒闭。

封建社会的朝代更迭给了这类组织臃肿的企业很好的警示。朝代初立，百废待兴，种地的农民和打仗的士兵必定占比较大，而在衙门里任职的官员相对较少。随着社会发展，衙门里任职的官员逐渐增多，为了养活这些人，国家开始增加农民的赋税。同时，因长期没有战争，国家对国防的重视程度日益减弱，士兵逐渐减少。之后，冗官现象愈演愈烈，腐败丛生。农民不堪苛捐杂税的重负，越来越多的农民弃田不耕、背井离乡，此时朝代便开始走下坡路。财政吃紧，影响到军费开支，打仗的士兵因兵饷受限而越来越少，最后内忧（内部民变）外患（外部入侵）导致国家灭亡、朝代更迭（见图 6-1）。国家机器膨胀、臃肿的过程，就是朝代衰落的过程。

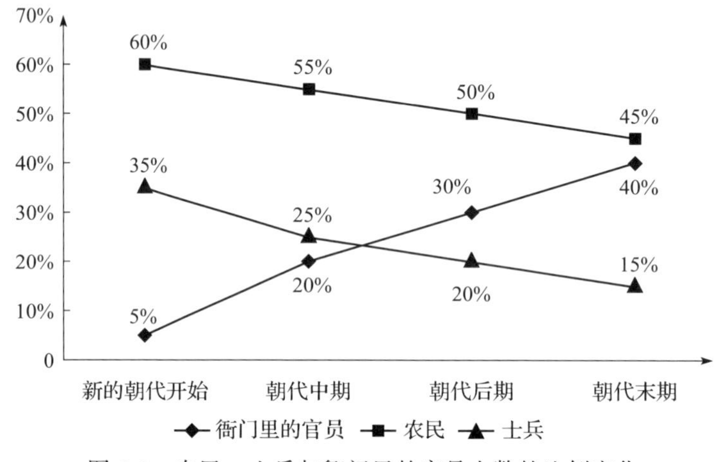

图 6-1 农民、士兵与衙门里的官员人数的比例变化

针对当下的组织管理问题，企业界和管理学界涌现出很多组织管理的理论与观点，如无边界组织、敏捷组织、平台型组织、智慧组织、指数型组织、合弄制、海星模式等。这些组织模式为数字化时代的组织变革提供了参考，但对很多企业来说，组织变革之路并不轻松。

强大的组织能力是人效冠军成功的重要因素。人效冠军在企业发展的各个阶段，基于企业战略和外部环境的变化，不断锤炼变革和提升组织能力，通过组织瘦身、制度流程优化和强大的执行力来不断挣脱组织桎梏、释放组织潜力、提升组织运作效率。华为就是其中的标杆之一（见图 6-2）。

这种通过持续完善，致力于打造精简型组织、标准化流程的做法蕴含着“精益管理”的思想，故我们称之为“组织精益”。

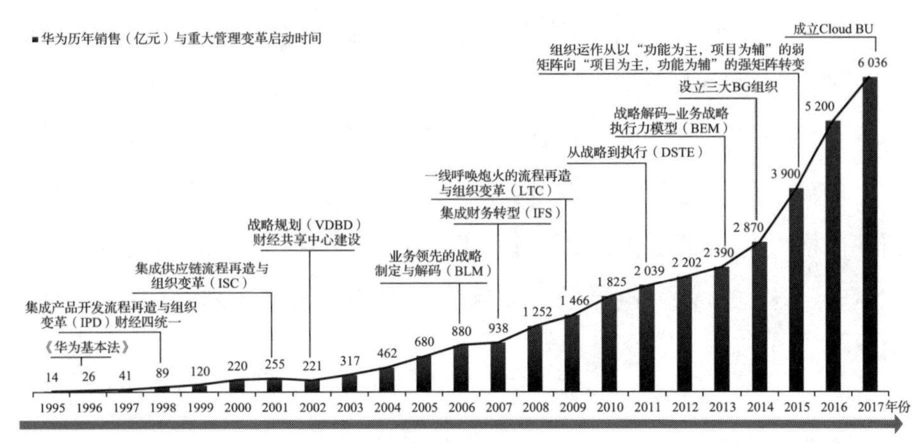

图 6-2　华为历年的组织管理变革

格力电器：以组织精益实现人均利润领先

格力电器自 2005 年起连续 15 年领跑全球，其成功离不开组织管理的成功，它的组织管理堪称传统“金字塔”式组织模式下的典范。对比家电行业市值与营业收入规模达千亿的企业——美的集团和海尔集团，格力电器在营业规模不占优势的情况下，人均利润却远高于它们，平均分别为美的集团的 1.57 倍、海尔集团的 2.29 倍（见图 6-3）。

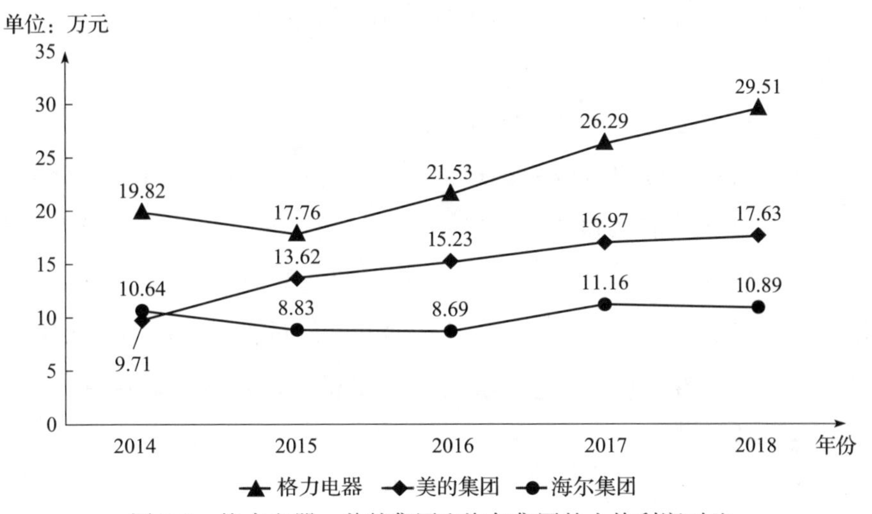

图 6-3　格力电器、美的集团和海尔集团的人均利润对比

对比三家家电巨头，格力电器是直线职能制组织模式，美的集团和海尔集团分别为事业部制和平台型组织。虽然格力电器的组织模式更传统，但持续开展组织精益和组织管控等一系列活动，使它在组织模式上做到了组织层级少、总部集权、执行力强、人员配置精简。组织精益让格力电器这艘家电“航母”像“小船”一样，能够灵活掉头、高效运转，这也是格力电器的人效领先于美的集团和海尔集团的重要原因之一。

严控管理层级

格力电器在组织壮大的过程中对管理层级进行了严格控制，践行扁平化管理。格力电器基本保持公司级、部门级（制造分厂、子公司）、科室级（车间）三级管理的结构。即使在增加管理层级的时候，为保持组织高效，格力电器也基本只增加以执行为主的班组级，同时建立严格的管控机制，避免管理层级的增加。作为千亿级的家电领头企业，格力电器直到今天也没有设置事业部层级，分子公司由格力电器总部直接管控，总部高度集权实施运营，这样的管控架构有效地保障了公司决策的一致性和从上到下的执行效率，避免组织扩大带来的“大企业病”。

格力电器通过严控管理层级，大大缩短了组织的指挥链，提升信息传递的时效性和决策效率。较少的管理层级使高层领导直接分管各部门，可以减少信息和指令在传递过程中的失真，使信息和指令能够快速在分管部门及科室之间正确、有效地传递。总部虽然集权，但高层下达的指令与工作要求能够快速传递到基层员工，并得到有效执行，大大提升了内部协作性和工作效率。较少的管理层级使高层领导更贴近一线，使其能更加全面、快速地了解前线的真实情况，并对问题做出快速、准确的反应。

“大部制”运作

鲍勃·菲费尔在《利润倍增》一书中把企业内员工分为两类：一类是与产出直接相关的人，一类是主管和管理人员。他认为以利润为目标的企业，应该不遗余力地削减第二类人员。他还指出：“在几乎所有的企业中，就白领雇员而言，每四个人中解雇一个，对你的企业不会有任何影响，在许多情况下，三去一或二去一都没问题。”企业要提升人效就必须不断削减第二类人员。

格力电器内部把第二类人员称为非一线生产人员，曾经强势推行“大部制”，以实现“控员减非”。实现“大部制”是精简组织的关键，是精减“非一线生产人员”最直接、有效的方式。

2010 ～ 2012 年，格力电器先后成立郑州格力、武汉格力、石家庄格力和芜湖格力四个生产基地，格力电器人员规模也从 2009 年的 2.2 万人，直接攀升至 8.02 万人，净增 5.82 万人。组织规模扩大，产能难以在短期内得到发挥，组织变得臃肿，人均利润在这三年平均下跌 40% 以上。

为了精简组织，2013 年格力电器在各分子公司推行“大部制”整合（见表 6-1）。各分子公司后台服务部门由 13 个精简为 6 个，砍掉多余的非一线生产人员。通过“大部制”优化人员的同时，也在一定程度上打破了存在已久的“部门墙”，大大促进了组织效率的提升。2013 年年底，格力电器的人均利润达到 15.07 万元，相比变革前提升了将近一倍。

表 6-1　格力电器各基地“大部制”整合前后对比

整合前部门	整合后部门
企管部、人力资源部、行政部、安全控制部、基建管理部、审计部	总经办
技术工艺部、设备管理部	工艺设备部
物流部、成品部	物流部
财务部	财务部
采购部	采购部
生产计划部	生产计划部

在企业中仅有 1 人的部门可能是例外，但有 2 ～ 3 人的部门很普遍，有 4 ～ 7 人的部门更是常态。企业要提升人效，就需要把这些小部门裁撤掉，将职能相近、业务范围趋同的事项合并管理，按照“大部制”运作。“大部制”可以把原先一段一段的“铁路警察”合并整合成一支高效精干的团队。

相比 2005 年，2018 年格力电器的人均营业收入增加了 0.79 倍，人均利润增加了 7.46 倍（见图 6-4）。这期间，格力电器实现了快速发展，营业收入规模扩大了 10 倍，但行政管理人员占比始终没有提高，一直保持在 6% 以下。在“控员减非”上，格力电器曾多次喊停行政人员的招聘补充，采取流失不补、大部制管理、岗位合并等手段控制行政人员数量的增长，同时开展行政人员一线回炉锻炼活动、职能部门定点帮扶一线生产活动、行政人员一线生产支援等活动，让行政人员也参与直接生产型活动，提升组织人效。

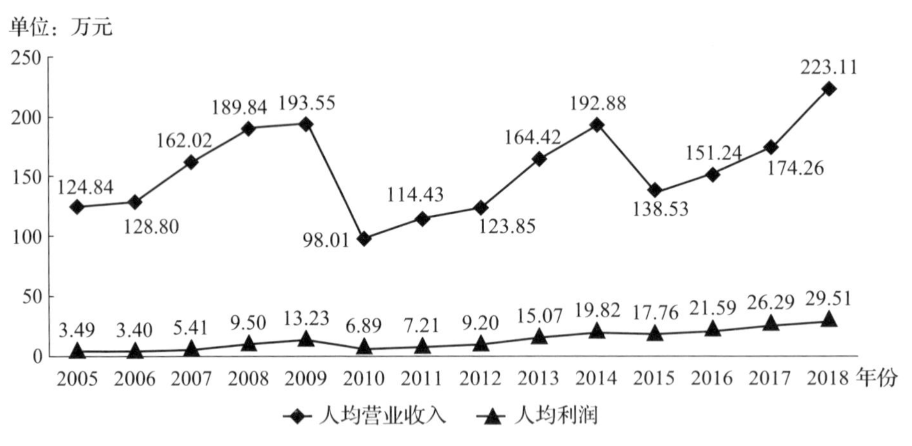

图 6-4 2005 ～ 2018 年格力电器人均营业收入和人均利润变动趋势

正如封建王朝中官员数量的增长一样，随着企业的发展，组织会逐步细分职能、增加人员，导致中后台人员不断增加，呈现臃肿态势。格力电器强势、系统、严密的“控员减非”政策让人效得以持续提升。

如何推行“大部制”，精简组织、控制后台人员呢？企业可以遵循组织精益四项原则。

（1）尽可能少地设立后台部门，尝试合并不直接创造产出的部门，中小企业可以合并为一个后台部门来统一管理。

（2）人员少于 7 人时不设立独立部门，将与其职能相近、业务范围趋同的部门进行合并。重点提升人员能力，替换能力更强的综合型人才，避免通过增加人手或分设部门来解决问题。

（3）设立并赋权横向协调机制或非正式组织，建立协同管理机制。以“项目组”“大客户经理制”“产品经理制”等方式统筹协调，使各部门在主流程上高效配合，使制度规则流程化、显性化，让业务、知识、资源与责权有机匹配。

（4）逐步“砍掉”后台人员，以每次 5% 的节奏进行人员缩减，直至裁减 20% ～ 50% 的后台人员。

使用跨职能团队

格力电器通过广泛使用跨职能团队来提升组织协同效率。

格力电器有四类常规项目：产品开发项目、技术研究项目、工艺技术项目、管理技术项目。根据研发任务的性质，格力电器分别建立了轻量级、重量级和自主型等跨职能开发团队负责项目开发。临时性的项目组、专题组等也会被广泛地使用，甚至在员工关怀活动和员工培训学习上，都会成立跨职能组成的社团联合会和内部培训学院等团队。这样做一方面避免了部门的扩大与人员的臃肿；另一方面，更多部门的人员组合到一起，参与度更高、协同性更强、工作开展角度更加全面，落地执行效果也会更好。

项目使命一旦完成，如无特殊需要，跨职能团队、项目组或专题组就会解散，各团队成员要么回归原部门，要么参与到其他跨职能团队中。格力电器通过对项目数量的有效管理，实现资源有效利用的同时，提高组织整体运作效率，避免“立项容易撤销难”的现象，也消除了行政机构的自我膨胀。

建立增效部门

2002年，格力电器增设了筛选分厂，这个相对其他同行企业的创新架构，在原材料的监控、产品质量的提升上起到了重大的促进作用。为了加强人才的培养和自动化推进，格力电器又成立了培训部和自动化办公室。为了推动增效工作，格力电器还成立了从上到下的正式与非正式的增效管理部门，增设管理推进人员。增效部门定期组织召开专题增效改善会议和项目推进会议大力推进增效项目，通过实行部门间、子公司间的增效改善评比排名和考评等机制，极大地推动了格力电器人效的提升。以2016年为例，格力电器整体生产效率提升幅度为10.5%。

企业人效提升，需要持续进行组织精简，砍掉没有价值和不创造价值的部门与人员，但这并不意味着只压缩部门和减少人员。在价值创造的关键环节，以及未来发展的重点领域，可以适当增设部门，尤其是建立增效部门，这将有助于减少冗员现象和低效行为，提升企业的价值创造能力。

严格标准，严格执行

标准化管理为格力电器这艘“航母”的前行设定了精准的航线。

格力电器（芜湖）有限公司成立于2011年3月29日。经过半年，格力电器（芜湖）有限公司实现了爬坡上量，成为格力电器的重要生产基地，也是主要的出口生产基地之一，被芜湖市政府誉为“格力速度”。其实，2010年以后，格力电器就陆续成立了涉及空调生产基地、生活电器、智能装备、机器人等领域的多家分子公司，它们都能快速发挥产能，实现创收。格力电器能够实现如此快速的扩张与业务延伸，离不开它科学、完善的标准化体系。强大的标准化体系有效支撑了格力电器快速的扩张，从而实现了管理的复制及高人效的增长。

哲学家培根说："制度不执行，比没制度危害更大。"严格执行驱动了格力电器这艘"航母"在既定的航线上高速前进。格力电器一直以严格著称，标准严格并严格执行有力地保障了格力电器运作的高效率。典型的体现就是其贯彻制度建设的八严方针和总裁禁令。

八严方针：严格的制度、严谨的设计、严肃的工艺、严厉的标准、严密的服务、严明的教育、严正的考核、严重的处罚。

格力电器的部分"禁令"规定如下：严禁擅自减少工序、改变工艺、改变技术参数和工艺参数；严禁未经检验或经检验不合格的零部件转入下道工序；严禁擅自改变调整专用工具、检测仪器；严禁擅自更改成品包装箱；严禁安排未经培训或培训不合格人员直接上岗；严禁安排关键重点岗位无证上岗；严禁撕毁、伪造标识，伪造或擅改记录，伪造签名；严禁虚报、瞒报、弄虚作假；严禁违反海绵粘贴工艺；严禁违反制冷系统防尘、防水操作规范；严禁违反控制器防静电工艺……

董明珠说："管理只有一种，就是制度。我就是要做到水至清而有鱼！浑水摸鱼，永远不能建立一个大家公平竞争的机制。我们说的水清有鱼，是指只有水清了才能看到哪条鱼是健康的，哪条是生病的。"

为保障标准的严格执行落地，格力电器建立了企管部、科技管理部、标准化管理部、人力资源部、工艺部等部门循环监督的机制，定期和不定期地开展监督检查。这样严格的执行方式塑造了格力电器铁一般的纪律和超强的执行力。

在格力电器，一位曾经被评为先进个人的员工，违反了"严禁违反制冷系统防尘、防水操作规范"的禁令，被质检人员当场发现，格力电器决定严肃处理。当时，尽管整个班组的同事一再为他求情，格力电器还是将他辞退了。

很多企业管理上存在问题，不是没有制度流程，而是没有严格执行。在那些低效的企业里，标准和规则屡屡被打破，员工或管理者常常以标准制定得不尽合理、不够人性或不太公平等理由规避标准、降低标准甚至不执行标准，公司的标准化文件最终被束之高阁，导致组织效率越来越低。格力电器的经验是：提高人效，严格的标准与严格执行标准缺一不可（见图 6-5）。

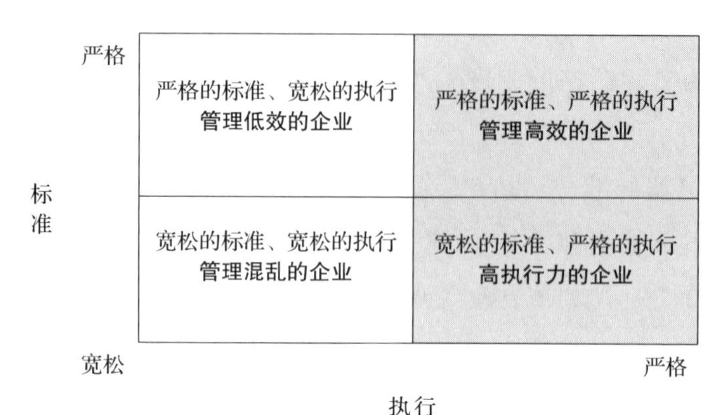

图 6-5 标准与执行的效果矩阵

持续优化改善

格力电器流程管理部门的一项重要工作就是参与各种问题的研讨与解决。问题出现在哪里，标准优化工作就会到哪里，解决当下问题的同时，也聚焦长远，确保标准化体系的科学性与合理性。

格力电器某基地建立之初，员工流失率居高不下，严重影响了正常的生产活动。对生产冲击最大的是每月 15 日发完工资后，一线工人集中离职。有数据表明，未按照正常离职流程办理离职的情况占比达 60% 以上。这种集中自行离职甚至会导致生产线停产，打乱了正常的生产节奏。补充的新员工短时间内无法恢复产能，待培养成熟，又面临新一轮的员工自行离职潮，陷入恶性循环。员工选择自行离职，一方面是因为离职申请办理周期长达 30 天，员工没有耐心等待；另一方面，正常提出离职申请的员工，很难通过班组长与车间负责人的审批。发现该问题后，结合一线工人培养周期和稳定生产的需要，格力电器将一线工人的离职办理周期从 30 天调整为 7 天，同时提出，班组长与车间负责人应无条件审批离职申请（见表 6-2）。调整后，一线工人基本按照正常流程办理离职手续，公司也能够掌握员工离职的节奏，提前准备人员补充与训练，该基地最终消除了员工集中自行离职对生产的冲击，生产趋于稳定。

表 6-2　格力电器某基地离职办理流程优化前后对比

内容	优化前	优化后
离职办理周期	30 天	7 天
审批情况	班组长与车间负责人决定是否审批	强制审批，否则人力资源部门直接办理
离职性质	60% 以上自行离职，办理离职手续的较少	正常办理离职手续
离职分布	每月 15 日后一周内 150 ～ 250 人自行离职	平均每周 50 人左右离职
是否可控	不可控，被动接受员工离开	可控，员工有序离职
人员补充情况	集中补充，新员工多，产能发挥慢	提前培养，少量置换，产能不受影响
影响程度	平均损失一套班组半个月的产量	基本没有影响，员工流失率大幅降低

上述这种事例其实还有很多。格力电器以严控管理层级、推行“大部制”、使用跨职能团队、建立增效部门等手段进行组织瘦身，以标准化的体系、严格执行的文化和持续优化的机制，实现组织精益，驱动自身高速、健康发展。格力电器的组织精益之道使其从家电行业中脱颖而出，成为人效冠军。

沃尔玛：高度标准化成就零售之王

作为零售行业的王者，面对激烈的行业竞争和不断萎缩的利润空间，沃尔玛非常注重通过组织精益来不断降低成本、提升运作效率。

高效的秘诀

“你走进任何一家沃尔玛商场，不会产生任何不一样的感觉。”这个宗旨让沃尔玛成为标准化的楷模。

沃尔玛每家门店在硬件方面几乎都是一样的，无论是设备、货架、装修、家具，还是文件、文档、标识牌、价格牌，甚至是文件架的尺寸、文件夹的命名方式、文化墙的布置、信息栏的格式等，都是统一的。甚至，沃尔玛对悬挂的标识牌两边的距离都有明确规定，不能相差毫厘。相比硬件标准化，实现软件的标准化更加困难，因此软件的标准化更能体现组织能力，决定了人效的水平。

沃尔玛通过工作清单、“傻瓜手册”和规范的流程描述等方式（见表 6-3）实现标准化的科学管理，从而保障其在低毛利的零售行业中获得远高于同行的利润。

表 6-3　沃尔玛的标准化管理工具

标准化工具	主要内容	作用
工作清单	沃尔玛列出每一个标准化程度较高、容易上手的岗位，将工作内容梳理成清单，针对清单中的每项工作内容逐一考量，删除重复性的工作，让工作变得简单，保证执行的一致性	通过工作清单，各岗位员工非常清楚每日、每周、每月的工作内容和他们在工作中的角色，并以工作清单指导自己的日常工作，避免了各岗位间的重复。对于新进员工尤其是一线员工，工作清单能有效地指引他们的日常工作，简单地做一些培训，他们就可以参照清单要求，顺利完成每天的工作，这种方式让员工第一次就把事情做对
“傻瓜手册”	也称作“岗位操作手册”。为达到标准化的要求，沃尔玛对各个岗位、各个环节都有标准化的操作指引，操作指引极其细致，对工作一无所知的“小白”按照指引也可以操作。同时，总部负责运营政策的部门会与一线接触较多的同事组成回顾小组，每年依据以下四项内容进行回顾更新：一是战略与业务的发展需要；二是业务转型或变革的需要；三是一年中在执行操作的方便程度；四是客户感受和内外部风险	帮助对工作一无所知的“小白”按照指引操作，加快员工胜任岗位工作要求的速度，快速发挥员工价值；保障员工操作的一致性，规避操作风险

（续）

标准化工具	主要内容	作用
规范的流程描述	同一个流程如果描述主题、描述时间不同，再加上没有一套规范的描述语言，那么流程描述结果就会出现较大的差异。为避免出现这个问题，沃尔玛流程管理部门的第一要务就是规范流程描述语言，并监督落实和执行。通过统一的流程描述规范，将“各说各话”变成都说“普通话”	减少了沟通歧义等情况，使内部沟通的质量大幅提升

沃尔玛的标准化管理并不只是生硬的规章制度、流程手册等制度文件。不管是工作清单，或是“傻瓜手册”，还是规范的流程描述，最重要的是让员工工作起来更容易，让员工一次性把事情做对。标准化体系帮助沃尔玛实现了几十年的稳健发展，在全球经济不景气的环境中，也能够保持持续增长。

回顾清单

对于标准化体系的执行落地，沃尔玛的做法同样值得学习。

沃尔玛建立了回顾清单，以此来维护标准和监督标准化的执行情况。具体而言，回顾清单包括三个时间节点的检查。

（1）月度标准自查。月度标准自查内容涉及本部门或业务单元的各项主要流程，而且各部门及业务单元必须完成。回顾结果为“百分制＋风险项”，按分数高低划分为绿灯、黄灯、红灯：90分及以上为绿灯，80分及以上为黄灯，80分以下为红灯，存在风险项可能会导致直接被定为红灯。每月的自查结果会作为管理者下月工作改进的重点。

（2）区域季度互查。区域组队，每季度对各部门及业务单元做回顾，相互检查，区域的回顾结果统一上传至公司平台。

（3）半年度突击抽查。总部团队根据几个要素，如离职率高、盘点结果差、损耗大、大单量高等，按规则进行筛选，每个区域排出风险较高的门店，进行突击抽查。每半年度的抽查结果还会与总经理年度奖金挂钩，最高影响比例可以达到奖金总额的20%。

回顾清单式的检查监督，确保公司各部门及业务单元标准执行的统一性。同时，沃尔玛也通过奖惩制度强化执行力度，对违反标准化操作的行为进行处罚，涉及较大风险项的责任人甚至直接被解雇，对于标准执行好的优秀个人及团队给予奖励，通过年度标准先锋团队奖、个人奖、样板店等评选，树立楷模与榜样。

流程优化“经典三问”

标准化体系建立后，并非一成不变，企业需要对标准化体系进行持续优化。否则，执行效率越高的企业，可能在错误的道路上走得越远。

其中，流程的优化是标准化体系优化的关键。

流程优化已经融入沃尔玛员工的日常工作中，在梳理所有环节的流程时，其有经典的三个问题。

（1）继续保留这个流程，是否会给公司和顾客带来价值？

（2）删减这个流程，是否会给公司带来内外部风险？

（3）删减这个流程，是否会给顾客带来负面影响？

如果这三个问题的答案都是“否”，那么就毫不犹豫，删减这个流程。如果这三个问题的答案都是“是”，那么这个流程必须保留。如果这三个问题的答案没那么明确，有影响或有可能存在风险，沃尔玛就会判断影响及风险的程度，以及这些影响与风险是否可以通过其他流程弥补或分解至其他流程。采购部门从助理级到经理级，通过每个工作流程的梳理，简化汇报线，剔除不合理的环节，每年就能节省几千万元。人力资源部门通过梳理，简化操作流程25项。营运部门通过精简15%商品品类、简化生鲜盘点流程、设立陈列图、精简组织架构等，建立快捷的商品流（商品从进入商场到消费者手中的过程），大大提高了人效。

此外，对于流程是否需要优化，我们有一个简单的判断标准。一个称职的员工，在同一个地方出现两次以上同样的差错，或者两个以上称职的员工，在同一个地方出现同一差错时，就要及时判断让他们出差错的流程本身是否出现了问题。

发现流程问题后，如何进行流程分析和流程优化呢？核心是坚持客户导向，并以端到端、最简单有效的方式实现流程贯通，提升组织运行效率。企业可以用流程审视的五问来展开分析。

（1）现有流程能否有效地满足客户的需求？

（2）流程会消耗哪些资源，能否充分利用资源，是否还有优化的空间？

（3）流程运行的关键阻碍有哪些，如何消除？

（4）流程运行的内部风险能否识别？控制程序是否健全有效，是否得到了执行？

（5）流程运行中会受到哪些干扰，哪些会因人的影响而变动？

通过以上五问，企业可以循序渐进地对流程管理中的问题进行深入挖掘，使流程得以优化、调整并改善。企业只有从实实在在的问题入手，流程优化工作才有意义，也更容易成功。通过流程服务员工，让员工工作更简单，更高效地发挥创造性，这样的组织才更加精益。

通过组织精益和瘦身，企业能快速实现人效的提升，但对企业来说，能否持续保持健康运行将是一个挑战。很多企业组织瘦身不得法，出现职责缺位、组织运行不畅等现象，组织效率反而变得低下，这时精简的部门与岗位又很快被恢复，砍掉的人员又被补充回来，组织重新变得肥胖与臃肿，问题甚至比瘦身前更加严重，这就偏离了组织精益的初衷。

为保持组织的健康与灵活，人效冠军通过高效的流程与科学的管理制度进行优化、固化和约束，这些流程和制度经过信息化手段固化形成组织的运行指南，推动企业组织运作效率不断提升，达成组织精益的最终目的。

■关键发现

- 人效冠军都是组织精益的企业，都拥有强大的组织能力。
- 实现组织精益需要给组织瘦身，严控管理层级、推行“大部制”、使用跨职能团队、建立增效部门，同时建立科学的标准化体系。
- 精密的标准化管理是沃尔玛成为零售之王的秘诀。

■落地工具

- 工具一：组织精益四项原则。
- 工具二：标准与执行的效果矩阵。
- 工具三：沃尔玛流程优化“经典三问”。

Champions of
Labor Efficiency

第 7 章

双高文化

企业的 DNA 其实是我们的信仰、我们的价值观，这个信仰和价值观能够从一开始就让组织变得成功。

——埃德加 · 沙因

双高文化创造高人效

企业文化是一家企业的灵魂，是企业的 DNA。企业建设企业文化的目的是获得商业成功，构建企业文化实际上是在构建游戏规则，而不是对高尚道德的宣导。

在企业文化上，人效冠军企业具备几个共性特征。一方面，人效冠军的薪酬水平在市场上有很强的竞争力，可以解决员工的后顾之忧；它们关注员工的成长，为他们提供明确的发展方向及机会；具备关心员工的感受，营造公平公正的环境等高关怀特征。另一方面，人效冠军同时具备对价值观严格遵守、对规章制度严苛要求、对战略目标执着坚持、对员工成长提出高标准的要求等一系列高严格特征。

人效冠军的企业文化，既体现了对员工的高关怀，又体现了其在价值观与发展目标上的高严格。双高文化（见图 7-1）帮助人效冠军脱颖而出，持续保持高人效。

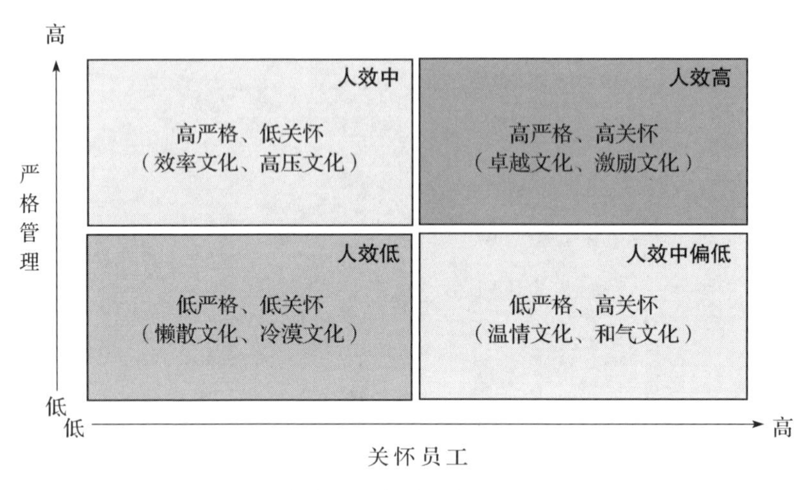

图 7-1　高严格—高关怀的企业文化模型

企业文化是一家企业员工做事的方式，体现一家企业所特有的共同信仰、价值观、习惯以及态度，也表现为员工在彼此相处以及日常工作中呈现出的各种习惯。企业文化引领的员工行为，直接驱动企业的成长。

企业打造企业文化的根本目的是获得持续的商业成功，高严格是企业获得商业成功的基础，高关怀使商业成功得以持续。

高严格助力企业获得商业成功

高严格既是对高目标的执着追求，也是对员工行为和目标达成的严格要求，是企业获得商业成功的基础。

2015 年 5 月 30 日，戴维·尤里奇在上海介绍企业究竟需要怎样的文化时提到，“企业真正需要的文化首先是高绩效文化，其次才是关怀文化”。如果企业文化中没有高严格的因素，它就难以帮助企业达成经营目标，企业就难以持续发展，也没有能力给予员工持续的关怀。牺牲企业效率的文化，再“温情”都是不健康的。

节俭文化是沃尔玛企业文化中“高严格”的一个体现，也助力沃尔玛成为零售行业标杆。成本控制是沃尔玛 34 个文化元素之一，浪费不仅会被鄙视，还可能受到严厉的处分。沃尔玛的门店没有豪华的装修，后区办公室内都是水泥地面及大白墙；没有豪华的办公桌，只有靠墙的一排层板，那便是大家办公的地方。严苛的节俭文化已深入沃尔玛每个员工的骨髓，“为顾客节省每一分钱”是节俭文化一个很好的缩影。

沃尔玛的节俭文化：为顾客节省每一分钱

由于节约的每一分钱都是为顾客而省的，因此不仅业务部门的员工要想方设法控制费用，职能部门同样会为公司节省成本或增加收益而拼尽全力。

在大家的印象中，HR 部门是费用中心，不是利润中心，但沃尔玛的 HR 部门每年可以为公司争取几百万元甚至上千万元的收入。这些收入主要来源于政府奖励、费用减免、税费退还等，每位 HR 员工都会时刻关注当地政府的政策，时时沟通，把握政策，为公司获利。

财务部门，除了确保其正常的工作不出任何错误之外，还会想方设法地帮助业务部门省钱。店内自带发票功能的购物小票需在税务部门购买。财务人员发现，小票的尺寸不合理，边缘有些大，造成不必要的浪费，于是和税务部门协商缩小小票的尺寸，使每卷价格下降一些。虽然每卷所降的价格非常微小，但由于沃尔玛用量很大，累计下来一个商场一个月或一年就不少了，几十家上百家商场一年节省的费用就更可观了。初期，税务部门认为小票的尺寸是统一的，不愿意去做改变。但秉持为顾客省钱的理念，沃尔玛的财务人员锲而不舍，最终成功实现改变，每个月为每家商场节省几千元的费用。

高关怀促进商业成功得以持续

如果不用“高关怀”激励员工认可并接受，“高严格”就难以持续。

片面地强调“高严格”，容易造成员工队伍不稳定，导致企业的商业成功难以持续。

高关怀并不是温情文化。认为只要给予员工高福利、无底线容错、关心备至就是好的文化，是典型的“行政部文化”现象，是企业文化的误区。很多企业的行政部、人力资源部将企业文化建设简单理解为“送温暖”，给员工各种名目的福利，组织旅游，定期开展活动和文化宣传，张贴标语……营造出一种和气融融的氛围。这种“行政部文化”现象，与企业的价值观、用人导向、激励导向脱节，忽视了目标的达成。这些企业试图打造一个“温馨”的工作环境来提升人效，这不仅会是一笔注定没有回报的投资，甚至可能因为温情文化、和气文化而使员工的工作能力“退化”—— 做事得过且过，失去目标感和使命感，进而不再关注个人的工作成果和团队的绩效表现。

高关怀应该是对员工根本利益、长期利益的关注。从员工的根本利益来看，让员工拥有获得感、成长感、尊重感才是真的关怀。基于员工的能力和贡献让员工获得应有的高水平收入是给予员工获得感；对员工严格要求，帮助员工提升能力，给员工提供职业成长的机会是给予员工成长感；尊重员工，充分授权，给员工提供发挥才能的平台是给予员工尊重感。企业应该逐步消除向员工短期利益妥协的做法，比如容忍员工懒散、不及时指出员工的不足等。毕竟，让员工轻松惬意虽然符合员工的短期利益，但是久而久之会让员工的能力难以提升、职业发展受阻，甚至失去工作，这其实不符合员工的长期利益。

双高文化是个性和共性的统一

双高企业文化强调的是企业文化的一种特征，体现的是“对事的高严格、对人的高关怀”，但高严格和高关怀的具体表现形式不同。华为、沃尔玛、万华化学等人效冠军对双高文化的践行充分体现了个性和共性的统一，企业文化的具体要素、现象等是个性化的，而人效冠军的企业文化都体现了“双高”的共性特征。

艰苦并快乐着

“以客户为中心，以奋斗者为本，长期坚持艰苦奋斗”，已经成为华为的文化标志。“狼性”一度成为被外界认知的华为企业文化代名词，是华为加班文化、高压文化、床垫文化的综合展现。

艰苦奋斗，还意味着为集体价值付出，对严格流程、纪律的遵守。任正非曾经强调，任何时候都要以公司利益和效益为重，个人要服从集体。任何个人的利益都必须服从集体利益，将个人努力融入集体的奋斗中。

华为着力打造严格的管理流程和管理模式，坚决杜绝“差不多”现象，为确保一切都能符合规定，推行了“四化”建设和改革。华为通过职业化、规范化、表格化、模板化，确保员工对于高目标的追求。在员工的执行力方面，华为容不得半点折扣，只要员工没有按照流程和规定办事，就会受到惩罚；只要员工没有按时完成工作任务或者没能符合上级的规定和预期，就会接受惩罚。正因为如此，华为的员工才会变得更加高效，形成了奋斗者文化。

军人出身的任正非为了强化员工的纪律性，多年来一直在公司推行军事化管理。在新员工入职后的集中培训中，所有新员工的着装仪表和行为规范都要接受最严格的审查，只要不合格就会被通报批评，那些屡教不改的人，通常会被开除。

为什么那么多的奋斗者愿意全身心投入到共同的事业中呢？因为华为真正在践行“以奋斗者为本”。华为充分尊重员工的利益，关注企业与员工的共同成长，为员工创造公正和公平的成长环境。华为的 2018 年年报提到：“我们致力于为员工营造高效、轻松和充满关爱的工作氛围，让员工在获得合理回报的同时，拥有快乐和丰富的生活。”

正如任正非所说，“不能让雷锋吃亏。”对于那些创造价值的奋斗者，华为推行有竞争力的薪酬，实施物质激励与非物质激励并行的激励政策，使奋斗者得到及时、合理的回报；关注员工的职业发展，为员工提供各种培训，并为他们提供多种价值实现的通道；以责任贡献来评价员工和选拔干部，提供全球化发展平台；重视员工的健康安全保障，建立了完善的员工保障体系，除了社会保险外，还为全球员工购买商业保险。

华为通过极力创造这种高激励、高关怀的工作氛围，来提升员工的幸福感，让员工在艰苦奋斗中找到获得回报的快乐。在艰苦而快乐的氛围中，华为员工有情怀、有愿景、有理想，奉行长期主义，将企业的使命当作自己的责任，把企业的情怀追求当作自己的职业理想和目标。

信任下的零容忍

作为沃尔玛企业文化的一大特色，信任是简化企业管理、提升人效的重要文化要素。员工不仅以诚信的原则要求自己，为人诚实正直，坦诚对待他人，还赢得了顾客的信任。

顾客最容易感知到的信任就是沃尔玛的无忧退换货服务——无论顾客是否使用、出于什么理由，只要提出要求，符合退换货政策，都可以按原价退款。曾经有一位顾客买了大包装的薯片，打开发现是不喜欢的口味，于是忐忑地拿去服务台要求退货，客服不问原因，当即就同意并迅速处理，完成退货程序，连顾客本人都讶异于沃尔玛对顾客的信任与处理效率。

这种信任不仅仅是针对顾客，对于员工，沃尔玛也形成了信任文化。由沃尔玛自有配送中心送至门店的商品，门店几乎不用再清点，而是直接放到货架或后仓，这样的信任节省了大量的复核工作，不仅降低了人工成本，也减少了反复清点带来的商品损耗。

沃尔玛如此信任员工的一个重要原因是，“节俭”两字已经深入每个员工的骨髓。即便是职能部门，也在想方设法开源节流，将节俭做到了极致。可以说，正是因为员工认可企业文化并认真践行，沃尔玛才自然形成了特有的信任文化，极大地降低了管理成本。

沃尔玛信任文化的背后，是对于不诚信行为近乎“无情”的零容忍。

15 元的陶瓷杯导致的离职

赵亮是市场部的一名员工，入职以来业务表现十分出色，尤其是出自他手的销售推广文案，每次都广受好评。他作为销售推广的一颗新星，深受部门负责人器重，入职不到半年，就顺利由专员晋升为主管。

让人惊讶的是，不到两个月，这个新晋主管就来办理离职手续了。离职原因是，不诚信行为。

不了解沃尔玛内部文化的人，也许会猜测赵亮的不诚信行为涉及范围广、金额大，但几乎不会有人猜到，这个不诚信行为仅仅是由一个 15 元的陶瓷杯引发的。

沃尔玛推出了圣诞节的促销活动，而这个价值 15 元的陶瓷杯是一个榨汁机的促销赠品，杯身上印着一对憨态可掬的小猫，乳白的毛色配上蓝汪汪的圆眼睛十分惹人喜爱，杯底还有惟妙惟肖的毛茸茸的猫尾巴。第一眼看到这个赠品，赵亮就知道女朋友一定很喜欢，因为她十分渴望养一只布偶猫。于是赵亮帮助一位顾客购买了榨汁机后，心念一动，觉得赠品很便宜，而且顾客也许并不需要，便悄悄留下赠品，带回家送给了女朋友。

事发后，赵亮一度表示不能接受被辞退。虽然入职培训的时候培训老师一再强调沃尔玛对于不诚信行为的零容忍，但是赵亮仍然无法理解，自己过去的出色表现，都比不上一个 15 元的杯子吗？

其实不仅仅是一个 15 元的陶瓷杯，沃尔玛因为不诚信行为辞退员工的历史由来已久。从因为偷拿公司的巧克力而被淘汰的员工，到因为采购与供应商之间的灰色收入而被追究法律责任的员工，无论涉及金额多少，只要是偷盗、贪污等不诚信的行为，沃尔玛的态度始终很坚决——零容忍！

沃尔玛认为，不诚信的行为不以金额的大小来决定处置的差别，只有有和无的区别，无论过去表现多优异，一旦发生则无条件解聘。这是价值观为企业构建的“规则围墙”，自由应在价值观与规则范围内。

与沃尔玛类似，作为人效冠军，万华化学在价值观和规则上也体现出了高严格，即便是企业高层也不例外。2019 年元旦后上班第一天，万华化学就发布了“一号文件”，让公司 1 万多名员工“倒吸了一口凉气”。文件对董事长廖增太的违规行为进行了通报批评：因违反安全规定，把手机带进了控制室，当年绩效得分不得高于 3 分。按照万华化学的绩效考核标准，当年绩效不超过 3 分意味着年度考核最高只能是合格，相应的绩效奖金也会受到很大影响。

沃尔玛给予了员工最大的信任和自由，但也明确了零容忍的底线。在价值观与规则上高严格，在信任与自由度上高关怀，在这种文化氛围下，每一个沃尔玛员工都自觉践行成本战略，发挥主人翁意识，像对待自己的钱一样对待公司的费用，像对待自己的名声一样爱惜公司的名誉。

能够在毛利空间极小的零售行业实现高人效，信任下的零容忍代表的双高企业文化是沃尔玛成功的关键原因之一。

一手抠门，一手大方

烟台市芝罘区幸福南路，坐落在万华化学老厂对面的是一座不起眼的四层小楼，看起来十分寒酸，若不是看见外墙蓝色玻璃上的“万华宾馆”四个字，谁也不会想到这是全球化工行业 50 强之一的万华化学。

稍微了解万华化学的人都会对它的“抠门”有所耳闻。万华化学对于日常开销的把控极其严格，即便是管理层出差和招待，也和员工一样只能乘坐经济舱，住经济型酒店。除了一些特殊场合和事项外，万华化学的管理层在出差和招待方面几乎没有任何“特权”。

万华化学的“抠门”不是克扣和压榨，不是牺牲员工的利益。相反，它对于企业和员工的需求一直表现得十分大方：弱化森严的等级制度，加大激励力度，决策民主，宽容失败，鼓励创新与监督，给员工自由成长的空间和时间。

2018 年年报数据显示，万华化学有员工 11 080 人，人均年薪达到 26.4 万元，远超行业一般水平。同时，万华化学为员工缴纳七险一金，还为员工提供通勤班车、周转住房、结婚礼金等近 20 种津贴福利，全面为员工做好后勤工作。此外，管理层、员工大幅持股，公司重奖研发。

“始终坚持以科技创新为第一核心竞争力。”在研发创新方面，万华化学也始终保持着“大手笔”。每年万华化学都会专门拿出 1000 万元用于支持“没有直接经济效益”的基础研发。基础研发的时间很长，失败率也很高，万华化学却表现出了大方的一面，对于研发创新持续投入，并给予充分的期限，允许试错、鼓励创新。从 1999 年“立木建信”21 万元重奖技术人员孙敦孝，到如今技术成果盈利提成上亿元，万华化学的“鼓励创新、宽容失败、重奖成功”不是一句空话。在万华化学，同一级别的科研人员的收入可能比管理人员还要高，有的科研人员的收入水平甚至与高管比肩。为了给予他们更多的时间、空间和自由，万华化学允许科研人员将 20% 的时间和研发经费用于自由选择的研发方向，可以用于材料费、外出考察支出等方面，最大限度地为研发创新提供条件。这也是万华化学不建会所、不搞房地产、不投金融业，却产生巨额开销的原因——奢华的科研“账单”。

万华化学出产品，更出人品。维持着30年的寒酸宾馆，却对研发费用十分大方；对招待费用“锱铢必较”，却一掷万金吸纳人才……从其鲜明的企业文化就可以看出，万华化学也是践行高严格、高关怀企业文化的企业。

虽然高人效企业的文化呈现出各自不同的特点，却有将看似对立的两面完美结合的异曲同工之妙。华为以奋斗者为本、艰苦奋斗及严明的纪律文化体现出高严格，对员工的全面激励体现出高关怀；沃尔玛对于不诚信行为的零容忍体现出高严格，渗透于企业方方面面的信任文化体现出高关怀；万华化学对于费用近于抠门的严苛控制体现出高严格，对于人和技术的大方投入体现出高关怀。

华为、沃尔玛、万华化学的企业文化都体现了双高文化的特征，但是各自的具体表现形式又不尽相同（见表7-1）。以上仅介绍了三家人效冠军企业文化的某些细小的方面，实际上它们企业文化的内涵、表现形式等远不只是我们介绍的这些，我们还可以轻易找到其他体现双高特征的文化现象。总体而言，这些人效冠军通过高严格的文化驱动员工提升自我效率和能力，同时营造公平公正的环境，激励员工拥抱高严格，不断追求更高目标，从而持续创造高业绩。

表7-1 双高文化具体表现

人效冠军	高严格	高关怀
华为	对战略目标的恒定坚持	以人为本的全面激励
沃尔玛	价值观零容忍	高度信任
万华化学	对费用的严苛控制	人和研发的大方投入

华为：双高文化践行者

“艰苦并快乐着”仅仅是华为双高文化的一个侧面，实际上，华为企业文化的双高特征已经融入了公司运营的方方面面。经过多年的探索和实践，华为已经建立起了典型的双高企业文化。

华为文化是典型的双高文化

经过 30 多年的发展演变，华为形成了“左手狼性、右手人性”的双高企业文化。“狼性”是高严格，“人性”是高关怀。

华为 2008 年第 031 号 EMT 决议提到“公司的最终目标只有一个：商业成功”，华为构建企业文化的最终目标也是商业成功。为了商业成功，华为在发展初期就形成了“狼性”文化，外界感知到华为的“狼性”文化是加班文化、高压文化、床垫文化等。任正非对于“狼性”文化有过以下阐述。

> 企业就是要发展一批狼，狼有三大特性：
>
> 一是敏锐的嗅觉。
>
> 二是不屈不挠、奋不顾身的进攻精神。
>
> 三是群体奋斗。
>
> 企业要扩张，必须有这三要素。
>
> ——任正非，1998 年，《华为的红旗到底能打多久》

华为“狼性”文化的根本特征是对高目标的执着追求，是为了实现高目标而生的。任正非 1994 年就为华为定下了高目标：“世界通信行业三分天下，终有华为一席。”为了实现高目标，华为需要一批“狼”，他们必须在电信巨头“统治”的行业中寻找商业机会，所以要有敏锐的嗅觉；为了抓住商业机会（甚至不能算机会的机会），他们必须要付出百倍、千倍的努力，要有不屈不挠、奋不顾身的进攻精神；单靠几个英雄难以实现“三分天下”的理想，必须群体奋斗。

到 21 世纪第一个 10 年的后半段，华为越来越重视对员工的关怀，华为文化中的“人性”逐渐得以彰显。知名财经作家余胜海在其著作

《华为还能走多远》中写道：

> 2008年，笔者与任正非谈到企业文化管理时，向他提出了一个问题：在市场经济中，我们究竟应该做“狼”还是做“羊”呢？任正非回答：我们既不做“狼”，也不做“羊”，而应该选择做“人”。

2009年6月18日，华为在其发布的《2008华为社会责任报告》中宣布，华为首次设立“首席员工健康与安全官”一职，并任命华为前CFO纪平担任该职务，其目的是进一步完善员工保障与职业健康计划。从此，华为员工惊奇地发现，时常会收到副总裁、首席员工健康与安全官纪平的邮件，她在邮件里提醒大家劳逸结合，注意身体健康。

华为每年年报中都有关于员工关爱方面的信息披露，2019年年报中的相关内容如下。

> 我们致力于为员工提供人性化的工作环境，创造高效、轻松的工作氛围，让员工在获得合理回报的同时，拥有快乐和丰富的生活。
>
> 华为重视员工的能力建设和职业发展，促进员工与企业“同创共赢”。我们对外打开组织边界，用多种方式整合优秀资源，引入全世界的优秀人才；对内敢于破格提拔人才，给予员工更多成长机会，并为员工提供差异化的发展通道，激发组织活力。
>
> ——摘自：华为年报2019·可持续发展·和谐生态·员工关爱

1. 核心价值观体现双高

华为的核心价值观“以客户为中心、以奋斗者为本、长期艰苦奋斗、坚持自我批判”中，以客户为中心、长期艰苦奋斗、坚持自我批判，都体现出了高严格，以奋斗者为本则是高关怀的典型表现，但也有高严格的成分存在（见图7-2）。

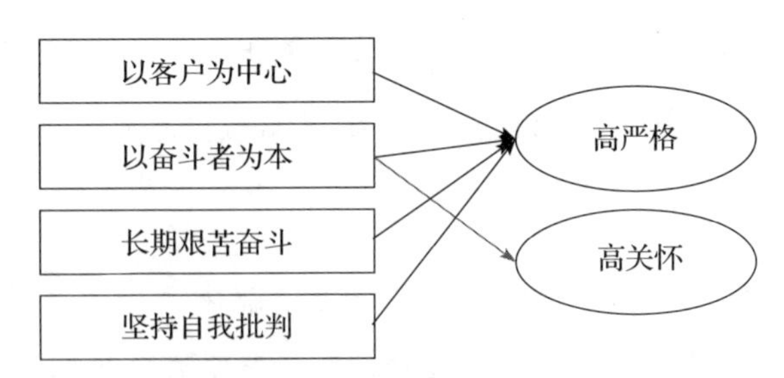

图 7-2　华为核心价值观的双高特征

2. 奋斗者的高门槛是高严格，“不让雷锋吃亏”是高关怀

华为强调以奋斗者为本，但并不是所有员工都能自然而然成为奋斗者，也并不是签订了“奋斗者协议”的员工都是奋斗者。华为通过绩效考核、人才盘点等方式区分员工，把员工分为普通劳动者、一般奋斗者和卓有成效的奋斗者。在华为，成为奋斗者是有高门槛的。比如，华为提出的卓有成效的奋斗者应具备七大特质。

（1）以客户为中心，存在危机感，时刻保持艰苦奋斗状态。

（2）对自己负责，保持自己的市场竞争力，能够创造出高绩效。

（3）以身作则，并且帮助团队成员持续进步。

（4）明晰责权利，勇于担责，能够对结果负责。

（5）妥善完成本职工作，对其他工作保持强大的好奇心与参与的动力。

（6）坚持放空式学习，主动进步。

（7）从大局着眼，从公司整体利益出发，为群体利益而奋斗。

为了“不让雷锋吃亏”，华为把机会、工资、奖金、股票等激励资源向卓有成效的奋斗者倾斜（见图 7-3）。

3.“只有选拔责任”的人才选拔机制是高严格，员工学习成长的配套机制是高关怀

华为的选拔机制是给予有能力、有成果的人挑战更高职位的机

会，认为学习成长是自己的事，而不是不做筛选的福利式培养人才。正如任正非2009年6月24日在后备干部总队例会上的讲话所提到的：

> 我的主张是，知识要员工自己去想办法解决，知识是劳动的准备过程，劳动的准备过程是员工自己的事情，是员工的投资行为。**我们要改变培训、培养的观点，不要随便用培养这个字眼，自我学习是员工的责任。**员工视野不宽阔不是我们的责任，视野怎么去培养？我们不能承担无限责任。**我们是选拔者，我们只有选拔责任，不承担培养责任，不要把责任都揽在自己身上。**

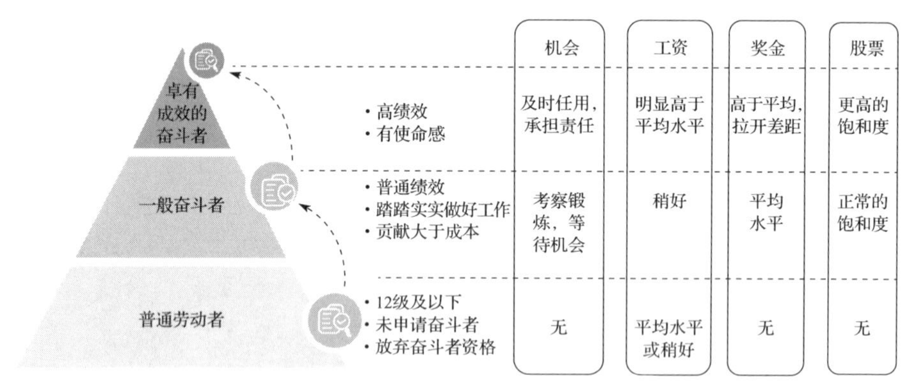

图7-3 华为差异化的价值分配策略

与此对应，华为并不实行放养式的人才管理。他们为员工提供了一整套完善的学习成长的配套机制，以帮助员工成长，这是典型的高关怀文化特征。

在华为，完善的思想导师制度帮助新员工快速融入，并快速上手自己的工作。思想导师不仅要关注新员工的工作，还要关心他们的生活和心理；不仅安排和指导新员工的工作，还要帮助新员工做出“亮点”，以便在转正答辩时取得好成绩。完善的任职资格体系为员工的自我学习和成长提供了清晰的指引，配套的几乎覆盖所有岗位的“i-Learning”平台提供了每个岗位的知识技能地图，以及相应的在线课程、练习题、测试题等。

4. 绩效计划、考核是高严格，通过绩效辅导、绩效反馈帮助员工成长是高关怀

通过层层战略解码，公司整体战略分解最终形成员工的 PBC，这就是个人的绩效计划。华为各级管理者帮助下属制订绩效计划的时候要严格做到三对齐。

一是目标对齐，澄清与沟通下属本年度工作方向、业务重点和绩效期望及目标，确保其与战略一致且聚焦明确。

二是思路对齐，分析“组织和个人面临的当前与未来的核心挑战”，共识“达成目标的思路、方法和领导行为”。

三是理念对齐，激发下属主动设定有挑战性的目标，促使他们出于意愿而乐于付出超越职责的努力。

华为的绩效考核强调良性竞争的“赛马模式”，只有做得比别人更好、创造出比别人更多的价值才能获得好的绩效，而不是目标达成就能获得好的绩效。这类似于北京奥运会男子 4×100 米自由泳接力决赛中，美国队、法国队、澳大利亚队、意大利队、瑞典队都打破了原有的世界纪录，冠军却只有一个。在这种相对评价的“赛马”机制下，华为也实施绩效等级的强制分布：一个人数较多的团队其绩效等级分布符合正态分布规律，公司确定的总体比例分布为 A（10% ～ 15%）、B/B+（75% ～ 85%）、C/D（5% ～ 10%）。

华为要求各级管理者对下属做绩效辅导和绩效反馈工作，并且通过培训让各级管理者掌握良好的辅导和反馈技能，这有利于员工的成长。

据华为内部员工介绍，即使是管理七八个人的基层主管，也能够很好地掌握辅导和反馈技巧。华为强调“教练式辅导”，要求管理者做被辅导者的一面镜子，即下属请教问题时管理者要问一下自己：“我必须

回答吗？或者，他们自己可以解决吗？”华为要求管理者做员工学习、成长的催化剂，而不是仅仅教他们如何去做，辅导是询问而非告知，是倾听而非讲述，是使能而非指挥。华为要求各级管理者对下属进行绩效反馈，并对绩效反馈的准备环节、沟通环节、后续跟踪提出了明确的要求。

双高文化落地的六大实践

企业“如何做”比“如何说”更能让员工相信企业文化。

从如何看待公司的战略、客户、技术、产品，到批评谁、表扬谁、给谁升职加薪、聘用谁、开除谁，企业的每一个动作都在体现企业文化。

华为的企业文化被广泛推崇，不是因为宣导了多么高尚的道德，而是因为它帮助企业实现了持续的商业成功。华为的企业文化不是一天形成的，而是经过了很长时间的探索与实践。

1. 落地实践一：将核心价值观贯彻于战略执行的全过程

BLM（见图 7-4）是华为战略管理的基础方法论，多年来华为一直基于 BLM 做战略规划。价值观是该模型的基础，贯穿战略制定到执行的全过程，“氛围与文化”是执行模块的要素之一。通过把价值观融入战略管理过程中，华为将客户需求导向的战略层层分解，并融入所有员工的工作中。

2. 落地实践二：将核心价值观融入价值评价体系中

华为“以奋斗者为本”的核心价值观，集中体现在其独到的“价值创造—价值评价—价值分配”体系。在价值评价环节，“为客户提供有效服务，创造客户价值”是价值评价的方向和标尺。华为的价值评价不以学历、考试成绩、认知能力、工龄、假动作、内部公关、技术主义等为导向，而是明确导向增加客户价值的行为，包括获得市场机会、提升经营效益、自己和自己比以求持续进步等。

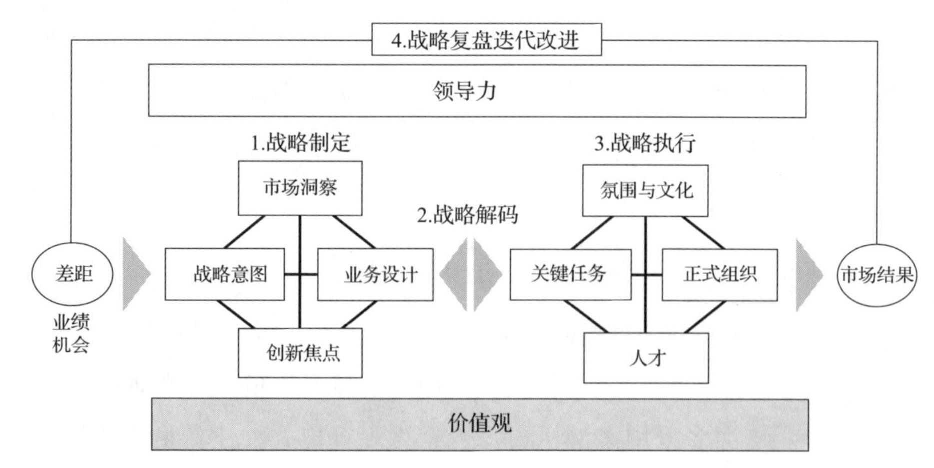

图 7-4　华为 BLM 战略管理模型

3. 落地实践三：用激励机制彰显核心价值观

华为的价值分配体系，深刻体现了“不让雷锋吃亏”这一理念，彰显了“以奋斗者为本”的核心价值观。华为推崇基于客户需求的奋斗精神，并通过“奋斗者必将得到合理回报”的激励机制予以强化。这个机制的本质是对不同层次的奋斗者采取差异化的价值分配策略（见图 7-3）。

4. 落地实践四：每一次人才选拔都彰显了核心价值观

在华为，不论是干部选拔还是专业通道人才的晋升，都会重点考察人才的核心价值观。核心价值观相符是干部选拔的基础条件，华为的干部选拔遵循这样一套标准：核心价值观和使命感是基础；品德是底线；绩效是分水岭；能力与经验是关键成功要素。此外，华为专业通道的任职资格评定，也把“核心价值观关键事件”作为重要的评定要素。正面的“核心价值观关键事件”是加分项，而负面的“核心价值观关键事件”往往成为否决项。

5. 落地实践五：将企业文化传承视为管理者的使命和责任

围绕“商业成功”，华为将管理者的使命和责任定义为六条，其中之一便是文化和价值观的传承。这六条使命和责任为：①管理者要承担起传承企业文化和价值观的责任；②洞察客户需求，捕捉商业机会，抓业务增长；③带领团队实现组织目标；④有清晰的主攻方向，抓主要矛盾；⑤站在全局立场，不断改进端到端的流程；⑥开展组织建设，帮助下属成长。

6. 落地实践六：构建多样化、立体式的企业文化传播体系

华为的价值观培训重点抓两头，一头是新员工入职引导培训，一头是干部高级管理研讨班。在新员工培训中，核心价值观的培训是最重要的部分。培训多采用案例研讨、情景再现等形式，让新员工能够理解核心价值观产生的原因，及为什么要坚持这些核心价值观，会邀请高管和管理层来对核心价值观进行讲解、解读。

高级干部管理研讨班主要有三大核心模块，即人力资源管理、业务管理、财经管理。人力资源管理模块的主线是核心价值观中的“以奋斗者为本”；业务管理模块的主线是核心价值观中的“以客户为中心”。在文化传播平台方面，除了常规的文化宣传墙，华为还借助《华为人报》《管理优化报》等内部报刊以及网络论坛“心声社区”进行文化传播。在仪式活动方面，年度市场颁奖大会、奋斗者大会也都是传播企业文化的平台。值得一提的是，华为非常重视“用员工故事传播企业文化”,《华为人报》、“心声社区”等平台上有大量的员工故事，员工故事是华为传播企业文化的非常重要的形式。

■ 关键发现

- 企业文化建设的根本目的是获得商业成功。
- 双高企业文化是“对事的高严格、对人的高关怀”。
- 双高企业文化是最能支持企业获得持续商业成功、创造高人效的文化。
- 高严格是对高目标的执着追求，是企业获得商业成功的基础。

- 如果不用“高关怀”激励员工认可并接受“高严格”,“高严格”就难以持续。
- 价值观为企业构建“规则围墙”，自由应在价值观与规则范围内。
- 企业“如何做”比“如何说”更能让员工相信企业文化。

■落地工具

- 工具一：双高企业文化模型。
- 工具二：华为双高文化落地的六大实践。

Champions of
Labor Efficiency

第 8 章

人效监测仪表盘

> 管理者必须关注每天的贡献。贡献就是让资源增值，一切不能产生增值的管理行为都是浪费，管理就是通过人力资本的增值来实现其他资源增值。
>
> ——彼得 · 德鲁克

通过前面的章节，我们认识了人效冠军，了解了其主要特征。

学习了人效冠军的做法，多数企业开始关心自己与它们有多大差距？企业怎样才能成为人效冠军？要成为人效冠军，该从哪里入手？

人效冠军潜力诊断

想成为人效冠军，第一步是要了解自己和人效冠军之间的差异是什么。结合人效冠军模型，参考人效冠军的实践，我们设计了人效冠军潜力自测表（见表 8-1），帮助企业判断自己与人效冠军的差异及人效短板。

表 8-1 人效冠军潜力自测表

<table>
<tr><th>维度</th><th>序号</th><th>事项</th><th>评分量表</th><th>得分</th></tr>
<tr><td rowspan="4">先人后事</td><td>1</td><td>我们重视人才选拔先于业务扩张</td><td rowspan="20">说明：本表格主要为主观评分，每项得分最高为5分，打分时，根据实际情况，凭第一感觉
高：5分
中高：4分
中：3分
中低：2分
低：1分</td><td></td></tr>
<tr><td>2</td><td>我们主动淘汰不合适的员工</td><td></td></tr>
<tr><td>3</td><td>我们核心人才的薪酬水平领先于市场水平</td><td></td></tr>
<tr><td>4</td><td>我们对核心人才培养的预算在行业内领先</td><td></td></tr>
<tr><td rowspan="4">战略聚焦</td><td>5</td><td>我们基于长期主义聚焦业务主航道</td><td></td></tr>
<tr><td>6</td><td>我们基于核心优势主动布局未来业务</td><td></td></tr>
<tr><td>7</td><td>我们重视战略共识，每个员工都了解企业战略</td><td></td></tr>
<tr><td>8</td><td>我们定期进行财务核算、经营复盘、战略评估</td><td></td></tr>
<tr><td rowspan="4">研发创新</td><td>9</td><td>我们有收集员工创新点子的机制</td><td></td></tr>
<tr><td>10</td><td>我们紧密围绕客户需求开展研发</td><td></td></tr>
<tr><td>11</td><td>我们对研发投入不设上限、持续投入</td><td></td></tr>
<tr><td>12</td><td>我们采用团队协作的集成化研发体系</td><td></td></tr>
<tr><td rowspan="4">组织精益</td><td>13</td><td>我们每个部门人数均多于 7 人</td><td></td></tr>
<tr><td>14</td><td>我们有使用跨职能团队解决问题的机制</td><td></td></tr>
<tr><td>15</td><td>我们的流程制度已实现标准化</td><td></td></tr>
<tr><td>16</td><td>我们定期梳理、优化流程制度</td><td></td></tr>
<tr><td rowspan="4">双高文化</td><td>17</td><td>我们在艰苦奋斗中营造轻松、快乐的工作氛围，员工都是“快乐的奋斗者”</td><td></td></tr>
<tr><td>18</td><td>我们充分信任员工，但对违反价值观的行为零容忍</td><td></td></tr>
<tr><td>19</td><td>我们对非必要开销把控极严，对人才和研发大方投入</td><td></td></tr>
<tr><td>20</td><td>我们有完善的文化落地机制，领导层以身作则</td><td></td></tr>
</table>

对照表 8-1，大家可以尝试对本企业进行自测，满分为 100 分。

得分在 80 分以上，恭喜，你的企业已经非常具有成为人效冠军的潜力。得分在 60 ～ 80 分，说明企业具有了较大的潜力，但需要在某些方面继续努力完善。得分 40 ～ 60 分，说明企业离人效冠军还有较大差距，需要在某些方面予以提升，弥补短板。得分在 40 分以下，说明企业人效存在较大问题，需要在根本上做较大的变革，才能保证在市场竞争中不被淘汰。

人效监测仪表盘概述

在进行人效冠军潜力自测后，相信你对自己的企业是否具备人效冠军潜力，以及要成为人效冠军应注意哪些方面，有了更深的认识。要想有所改变，需要更清晰地了解自身的人效处于什么样的水平，这就需要使用人效监测仪表盘。

人效监测仪表盘是一套企业人效水平的动态监测和评估指标系统。这个监测指标系统能够帮助企业非常简洁、直观甚至可视化地评估目前自身的人效状况（类似飞机或汽车仪表盘的作用），发现和预警企业管理运行中存在的问题，促使企业及时调整经营策略和管理。

一般而言，企业所处的行业不同、发展阶段不同、管理要求不同，其人效监测仪表盘的指标构成就会有所区别，复杂度也会不一样。这类似于摩托车、汽车和飞机的仪表盘，监测的指标数量、复杂程度存在很大的区别，对驾驶员的要求也不一样。但总体而言，我们建议企业在构建自己的人效监测仪表盘时要简单、清晰，合理控制监测指标数量，避免过度复杂。

不过，不管企业处于哪个行业，规模有何不同，有几个指标，各家企业一般都非常关注：人均净利润、人均销售额、单位人工成本销售额、单位人工成本净利润。除非存在非常特别的管理要求，否则人效监测仪表盘用上述几个指标来组合搭建，可以满足多数企业的人效管理和监测需要。当然，企业也可以根据实际情况删减或增加监测指标。

有了人效监测仪表盘（见图 8-1），企业就可以随时自测自查来了解自身的人效水平。一般而言，人效监测分析主要包括三个方面：一是从计划的执行与管控上，与人效预算做对比；二是从时间的延伸性上，与自己的过去做对比；三是从空间上，与行业内的相关企业做对比。通过上述三方面的对比分析，企业能够清晰地了解自身的人效状况，也更清楚自己与对手的差距，从而明确未来人效改进的方向与方法，不断提升人效。

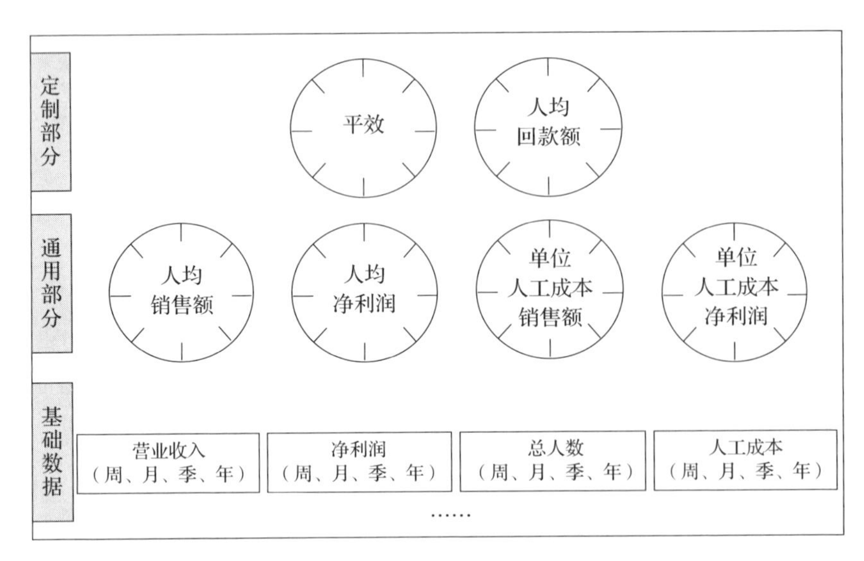

图 8-1 德锐咨询人效监测仪表盘

与人效预算比偏差

与人效预算进行对比，主要目的有两个：一是企业在正常经营的情况下，需要不断培养预算控制的能力；二是人效要不断达成甚至超越预算目标，才能持续提升，组织能力和活力才能不断增强。

全面预算管理是为数不多的能把企业诸多关键问题融合于一个体系之中的管理控制方法之一。人效冠军都非常重视预算的制定、跟踪与管控。良好的预算管理不仅让企业发展的路径非常清晰，也让管理者在确保目标实现上有了抓手，还能让企业有效地监测和管理人效。

在预算控制的精细程度上，沃尔玛是学习的榜样。每年的 11 月，沃尔玛的每个业务单元都会收到总部下达的下一年度的预算指标，指标会详细分解到每个月、每个部门、每个会计科目，以及每个费用支出明细项。除了绝对数，还会有每项收入或费用占销售比例的预算，以及年初至今累计的预算。这些预算数据有效地反映了人效状况，帮助管理者实时监测。

在人力成本预算管理上，沃尔玛会通过将实际发生销售额的变化与人力成本发生的变化进行对比，发现人力成本控制中出现的管理问题，并用量化的数据去纠偏。

沃尔玛："严密的人力成本预算控制"

沃尔玛的人力成本包含了十多项：四项工资（包含经理工资、助理经理工资、员工工资和加班工资，如表 8-2 所示）、13 薪、奖金、五险一金、工会基金、工资相关福利等。

我们以四项工资为例，来展开说明在人工成本上，沃尔玛是如何控制并确保成效的。

在 11 月总部给到每个业务单元的月度预算表中，除了销售额等财务指标外，还会有人工成本的所有明细项的预算，以及每项占销售利润的比例。我们要说的四项工资的预算及占预算销售额的比例也会位列其中（见表 8-2），同时还会列出去年实际发生额来做对比。业务单元的人力资源部门会从以下四个方面对人工成本进行管控：对比预算、对比销售指数、四项工资组成的比例合理性及其他费用预算。

1. 对比预算进行管控

在表 8-2 中，四项工资费用合计数显示，今年 3 月的计划是 515 千元，但实际为 569 千元，在销售额中的计划占比为 3.2%，但实际为 3.7%。这说明 3 月的人工成本无论是从绝对数上还是占销售额的比例上都超出了预算，这对管理者及 HR 在接下来几个月在这个指标的管控上，提出了更高的要求，不仅要将 3 月的超预算部分追回，还得确保 4 月及后面所有月份的预算达成。

表 8-2 沃尔玛四项工资预算

	2月		3月										4月			
	今年实际		今年实际		今年计划		去年实际		对比计划		对比去年		今年计划		去年实际	
	千元	占销售比（%）	千元	占销售比（%）	千元	占销售比（%）	千元	占销售比（%）	千元	指数（%）	千元	变化率（%）	千元	占销售比（%）	千元	占销售比（%）
销售	19 783	100.0	15 190	100.0	16 073	100.0	16 222	100.0	−883	94.5	−1 032	−6.4	14 318	100.0	15 762	100.0
经理工资	58	0.3	54	0.4	59	0.4	60	0.4	−5	91.6	−6	−9.5	61	0.4	47	0.3
助理经理工资	108	0.5	107	0.7	117	0.7	102	0.6	−10	91.5	5	5.0	116	0.8	110	0.7
员工工资	420	2.1	392	2.6	336	2.1	468	2.9	56	116.7	−76	−16.3	299	2.1	405	2.6
加班工资	73	0.4	15	0.1	3	0.0	6	0.0	12	500	9	151.0	27	0.2	30	0.2
四项工资费用	659	3.3	569	3.7	515	3.2	636	3.9	53	110.5	−68	−10.7	504	3.5	592	3.8

2. 对比销售指数进行管控

在沃尔玛，常用“指数”对比来进行预算的管控，指数就是实际完成对比预算的比例。在表 8-2 中，我们看到，3 月的四项工资指数是 110.5%，而销售指数仅为 94.5%，四项工资指数比销售指数高出了 16 个百分点。从这样的指数对比来看，当月的人工成本是相当高的，用一句通俗的话来解释就是投入了大量的人工却没产生预期的销售收入。如果人工成本无法下降，即工资费用不变，那么只有销售指数也达成 110% 以上，才是健康的。否则，必须采取有效的措施对工资费用进行管控。

需要说明的是，沃尔玛销售收入的预算通常分为零售收入和团购收入。分别给出零售和团购的预算，是为了让管理者更好地关注销售收入的来源，避免为了单纯追求销售收入而过度运用团购，导致利润受损。例如，当某一业务单元某月的销售预算完成率为 100% 时，管理者应该同时关注零售预算的完成率是否也是 100% 或更高。如果销售预算完成了 100%，零售只完成 80%，团购却完成了 200% 甚至更高，那么这个业务单元的销售预算看似百分百完成了，却是以牺牲利润达成目标，是不健康的。对于不健康的利润达成，管理者会在下一个周期给予正确的指导，并调整后期的销售策略。

3. 四项工资组成比例合理性的管理

四项工资由经理工资、助理经理工资、员工工资及加班工资四项组成，分析各类工资的完成状况，可以帮助业务部门制订合理的行动方案来更好地进行管控。如表 8-2 所示，3 月经理及助理经理的工资指数都在 91.5% 左右，与销售指数是匹配的。但员工工资超过预算 16.7%，说明员工人数或员工工时较多。再看加班费，超过预算 500%。通过对以上两个指标的异常性进行分析，找出 3 月员工人数或工时较多且加班更多的原因，明确是否存在门店改造、支援新店建设、支援闭店工作等情况。如果不是以上原因，单纯是管理者的管理不善造成的，就需要制订相应的行动计划，如调整人员结构、减少兼职工排班、严控加班等。3月发生的超额部分需要在未来的月份用更低的成本拉平，才能保证工资指数与销售指数匹配。因此，通过对每项工资的完成比例进行分析，才能发现出现异常数据的真正原因，才能有针对性地制订行动计划，有效进行管控，促成费用的合理支出。

4. 其他费用预算的管理

除了前面提到的财务指标及人工成本外，在沃尔玛的利润表中，给出的预算明细项目近百项，每个部门的每项支出都会有明确的预算目标，每位管理者及员工都会为相应的费用预算负责。每月初，各部门负责人会对涉及的各项收入或费用预算进行预测，针对达成预算可能面临的挑战，提出预警及解决方案，并在过程中不断加以管控。如果前期出现各类原因导致预算完成不理想的情况，就会在每月初制订补救方案。

为确保每个项目的预算达成，各部门之间的配合相当重要。有些企业，各部门都会抱怨人手不够，甚至投诉HR在招聘上不胜任。但在沃尔玛，每当有员工离职或不合格员工被淘汰，部门负责人首先关心的是人工成本的状况，然后再考虑是否需要填补人员空缺。这背后的原因是，预算指标的完成与否不仅与业务单元所有人的奖金挂钩，也与后台支持部门（如采购、财务、人力资源等部门）员工的奖金挂钩，因此公司的每个部门都很关注，需要紧密配合才能更好地达成目标。

沃尔玛人力成本预算管理的例子给出了人效指标监测与管控的有效答案。从中我们可以看到，企业用预算来管理，可以随时发现人效指标的变化，有效监测各指标的健康度，并能够迅速找到人效偏差的原因，有的放矢地改善。

与过去比增长

除与预算对比外，人效冠军还一直在不断超越昨天的自己，从不止步。探寻人效冠军的整个发展脉络，我们可以清晰地看见，人效冠军的人效不是一开始就很理想。它们往往是在后来发展过程中，不断努力超越过去的自己，人效水平几乎每年都保持一定幅度的提高，最终成长为人效冠军。法国前总统奥朗德曾在文章《打败昨天的自己》中说道："人最大的对手不是敌人，而是自己。人无时无刻不在与昨天的自己斗争，你的目标是打败昨天的你，不能让昨天的你凌驾于今天的你和明天的你之上。"人效冠军在人效管理上就是这样做的。

在众多的人效冠军中，华为的人效提升之路最具代表性。图 8-2 展现的是华为自 2011 年以来每年的人数及人效的变化趋势。

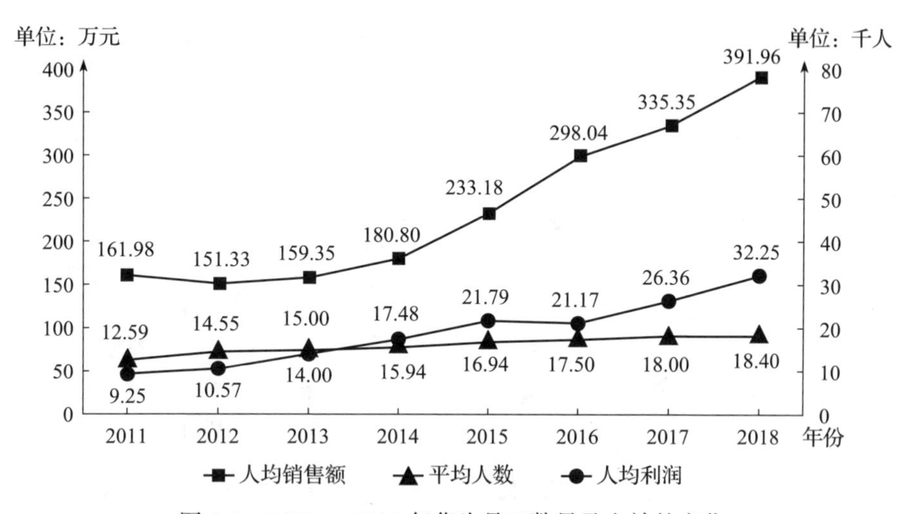

图 8-2　2011 ～ 2018 年华为员工数量及人效的变化

2011 ～ 2018 年，华为的两项人效指标都在持续环比增长，并且增长的幅度惊人（见表 8-3）。这八年间，华为的销售额增幅是人数增幅的 5.5 倍，净利润增幅是人数增幅的 3.3 倍！

表 8-3　2011 ～ 2018 年华为的销售额与净利润（单位：百万元）

	2011 年	2012 年	2013 年	2014 年	2015 年	2016 年	2017 年	2018 年
销售额	203 929	220 198	239 025	288 197	395 009	521 574	603 621	721 202
净利润	11 647	15 380	21 003	27 866	36 910	37 052	47 455	59 345

这样的成绩，是华为严格管控并持续追求人效提升的成果，华为每年都在超越过去的自己。每个企业都可以做到的是，将当前的人效水平与历史数据进行比较，追踪人效变化的趋势，洞察数据背后的驱动因素，从而实现人效的持续提升。

图 8-3 为德锐咨询某客户 2016 ～ 2019 年四年的人均净利润、净利润和员工数量的变化趋势图。该企业过去四年业务增长较快，为匹配业务发展，企业员工迅速增多。总经理想要控制进人速度，避免企业遇到市场风险时出现包袱过重的情况，但各部门仍在不断要求扩充编制，增加人手。

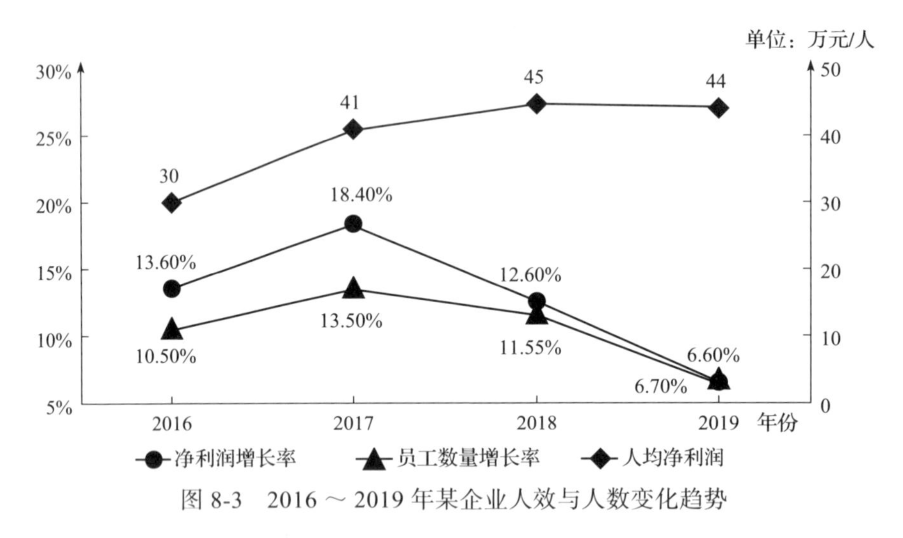

图 8-3　2016 ～ 2019 年某企业人效与人数变化趋势

企业员工数量的增长率若低于净利润的增长率，就能保持人效和劳动生产率的提升。对于这家企业来说，2016 ～ 2017 年员工数量虽快速增长，但其增长率一直低于净利润增长率，所以企业人效水平仍逐年提高。但从 2018 年开始，企业净利润增长率出现明显下滑，而员工数量仍较快增长，2019 年一度接近净利润增长率，导致企业人均净利润开始下滑。由于各种市场风险的出现，该企业预计未来两年净利润可能会持续下跌。对该企业来说，要维持竞争力，维持较高的人效水平，合理的做法应该是控制员工数量增速，甚至应该通过人才盘点等手段，对不合适的人员进行精减和结构性优化。

与行业平均水平比高低

行业平均水平的人效，是关乎企业存亡的生死线。人效高于行业平均水平，企业暂时安全；低于行业平均水平，企业则将面临生存危机。大多数企业在人效管理上首先应与行业平均水平做比较。如果各项人效指标均低于行业平均水平，企业就要予以重视，这很可能说明企业目前的经营策略存在一定问题，内部管理效率明显落后于同行。这时，企业要将迅速追赶并超越行业平均水平作为首要的管理目标，分析低人效的具体原因，从而制定相应的改革措施，如人员的精减、组织架构的重组、新产品的研发、市场的推广等。如果听之任之，不加以改善，企业就会很快面临困境，最终难逃被市场淘汰的命运。

与标杆比差距

企业各项人效指标均高于行业平均水平，说明企业在行业内的生存态势脱离了危险境地，但评估人效管理水平是否领先，还要与标杆企业进行对标。

与标杆对比，让企业更能够认清自己、学习先进。只有明确了学习的标杆，企业的人效管理才有了参照物，通过照镜子来不断分析差距，制订改进的行动方案，从而不断提升自己的人效水平。某种意义上，对标对象的选择决定了你的企业可能成为谁，成为什么水平的企业。

成为更好的自己

为了转型为强大的综合性金融集团，中国平安过去 20 年一直将花旗、汇丰视为参照标杆。现在，中国平安的对标对象变成了亚马逊、谷歌。马明哲给平安设计了两条主线，分别是科技和金融，在他的部署下，中国平安现在越来越像一家科技公司。华为通过 20 年持续对标爱立信，在 2017 年超越爱立信成为全球通信设备行业的领头羊。华为消费者业务不断对标苹果，目前华为已成为全球第二大手机制造商。

一家知名餐饮连锁企业（德锐咨询的客户），近3年发展势头迅猛，就是得益于根据人效对标管理开展持续改善。他们选择海底捞作为学习标杆，内部专门成立对标项目组，并开展“微米级”对标找差，研究海底捞人均销售额高的成功秘诀（其2016年人均销售额为14万元）。通过持续对标研究，不断制订内部人效提升改进方案，经过3年的努力，2019年其人均销售额已达到24万元，该企业也成了同行竞相效仿的学习对象。表8-4列出了其对标海底捞的人效指标。

表 8-4 海底捞人效对标指标

对标维度	人效指标	对标维度	人效指标	对标维度	人效指标
门店数据	门店平均日营业额	集团数据	人均年营业收入	人力资源数据	员工成本占收入百分比
	门店平均面积		人均营业收入增长率		薪金及津贴占收入占比
	门店平均平效		人均利润增长率		员工福利占收入占比
	店均日顾客量		门店数量		员工数量
	门店人均消费		门店数量增长率		总部占员工数量占比
	门店平均员工		人均净利润		教练占员工数量占比
	门店平均人效		净利润率		店长占员工数量占比
	平均翻台率		人均净利润增长率		门店人员占员工数量占比
	达至首月盈亏平衡时间		市场占有率		—
	达至现金投资回报		—		—

当然，企业的对标对象可以是同行业中的优秀企业，也可以是跨行业的管理标杆，现在很多非通信行业的企业都在学华为的管理方法。在学习标杆时，企业可以全面对标，也可以局部对标。沃尔玛早期对标麦当劳学习其标准化，对标戴尔学习其供应链管理。对标形式可以多种多样，这取决于企业内部管理的需要。

与竞争对手比强弱

很多企业，其人效处于行业平均水平之上，但直接选择人效冠军作为对标对象，可能差异过大，无论是规模、品牌、发展模式等都不具可比性，这种错位的对比可能会使这些企业迷失方向。所以，企业可以更多关注直接竞争对手的经营状况，与自己的竞争对手比较人效水平，更符合实际，也更具商业指导意义。

同一行业中，如果企业的人效水平持续、普遍比竞争对手高，则说明企业目前的经营效率和管理效率要高于竞争对手，在商业竞争中会有一定的竞争优势，在商业策略（如价格战、人才争夺、研发投入、投资并购等）的选择上将有更大的主动性。相反，如果企业的人效水平持续低于竞争对手，企业则处于相对劣势，需要及时调整经营和管理策略，扭转竞争劣势。

万华化学：困境下的逆袭之旅

2000 年美国 IT 泡沫破灭后，股市大跌，此后的“9 · 11”恐怖袭击使欧美雪上加霜，MDI 全球供应过剩。国际巨头纷纷把目光瞄准中国，价格比正常售价每吨要便宜 700 美元，“倾销幅度超过 50%”。当时，万华化学的量产规模尚不足 5000 吨，而六大国际巨头短短半年就将 10 万吨投放到中国。万华化学时任董事长丁建生果断向国家经贸委申请反倾销立案，正是在调查立案的两年里，万华化学赢得了宝贵的喘息机会。丁建生一方面对万华化学原有的 1.5 万吨 MDI 装置进行改造，确保稳产高产；另一方面，新建了宁波年产 16 万吨的 MDI 设备。2003 年，丁建生主动撤诉，宣布与国际巨头展开正面交锋，“量产一上来，成本一摊薄，就有了打价格战的底气”。正是凭借技术突破和产能释放带来的高人效，到了 2004 年，万华化学一举赢得与国际巨头在国内市场正面交锋的胜利，成为亚太地区生产规模最大的 MDI 生产商。

2008 年 5 月，全球第八大聚氨酯企业匈牙利的博苏化学出现危机，资金链条断裂，公司岌岌可危。丁建生认为，如果能够收购博苏化学，这将是万华化学打入欧洲，实现国际化千载难逢的好机会，因此他登门拜访表达收购意向但遭到侮辱式的拒绝。随即，万华化学通过收购博苏化学夹层债的方式逼迫博苏化学开展收购谈判。2011 年 1 月 31 日，万华化学斥资 12.6 亿欧元成功并购匈牙利博苏化学。一年后，其股权比例由 36% 大幅提高到 96%。就这样，万华化学在国际竞争对手的欧洲老巢撕开了一道口子，不仅在海外有了自己的生产基地，而且其 MDI 产能立刻进入了全球前三。从此，万华化学再无对手，连续 6 年销售收入增长超过 50%，一跃成为全球最具竞争力的 MDI 制造商、欧洲最大的 TDI 供应商。

万华化学的逆袭之路，依赖的不是单纯的规模扩大，而是伴随着规模扩大的人效水平提升。也只有人效提升，才能凸显企业的竞争优势，才能在与竞争对手的正面交锋中赢得先机。

人效看板

静态的人效监测简单但价值有限，只有对人效进行动态监测，发现企业人效水平的变化趋势，并在此基础上分析人效变动原因，不断突破改善，才能凸显价值。

上述“与预算比”和“与外部比”，一定要与“与过去比”组合分析，既要比绝对水平，又要比变化趋势。唯有如此，企业的人效分析和管理才能全面到位，人效水平的改进方案才能更精准。

通过三个维度的对比，企业人效综合健康度能得多少分？我们提供了简洁明了的工具——人效看板（见表 8-5），综合评估企业实时人效状态。

表 8-5　人效看板

人效指标	得分	0	1	2	3	4	5
	指标范围	<90%	90% ≤ *X*<95%	95% ≤ *X*<100%	100% ≤ *X*<105%	105% ≤ *X*<110%	>110%
人均净利润	实际 / 预算						
	实际 / 去年						
	实际 / 行业平均						

（续）

人效指标	得分	0	1	2	3	4	5
	指标范围	<90%	90% ≤ X<95%	95% ≤ X<100%	100% ≤ X<105%	105% ≤ X<110%	>110%
人均销售额	实际 / 预算						
	实际 / 去年						
	实际 / 行业平均						
单位人工成本销售额	实际 / 预算						
	实际 / 去年						
	实际 / 行业平均						
单位人工成本净利润	实际 / 预算						
	实际 / 去年						
	实际 / 行业平均						

在人效看板中，包括预算水平、去年水平与行业平均水平三个维度。至于具体指标的选择，我们给出的是常态下的一些指标，如人均利润、人均销售额等，因各行业的特殊性，各企业可依据所在行业特性或企业实际状况做调整。

人效看板中的每一个指标要素，比如实际水平、预算水平、行业平均水平等，各企业要根据自身实际情况，做好界定与统一口径，以便形成有效的对比分析。

人效看板得分说明

在每个指标的对比分析中，我们给出 6 个层级，分别用 0 ～ 5 分来表示。企业在对比时，根据自己公司的实际状况打分，每个指标的三个维度合计得分表示健康度。每个指标三个维度的各自得分则可以帮助企业分析具体原因，制订改善计划。

我们用人均销售额这个指标来举例：如果对比预算得 2 分或以下，但对比去年得 3 分或更高，则说明人均销售额处于合理或增长的状态；再对比行业水平，如果也得 3 分或更高，则说明该企业在本行业中人效处于中上水平。尽管对比预算有些不尽如人意，但整体来看，人效指标只是“疾在腠理，不治将恐深”；如果三个维度中有两个得分都在

2 分或以下，那就是“病在肌肤，不治将益深”；如果三个维度都在 2 分或以下，那就是“病在肠胃”；如果连续数月或数季的三个维度都在 2 分或以下，那就是“疾在骨髓”了。

“疾在腠理，汤熨之所及”。人均销售额对比预算得 2 分，其他两个维度得 3 分或以上，说明对比过去和行业平均，企业都是处于中间或更高水平。此时我们需要分析未能达成预算的原因是什么，市场原因？人才原因？产品原因？也有可能是预算制定得不合理，存在虚高的现象。

“疾在肌肤，针石之所及”。三个维度有两个都处于 2 分或以下，说明无论是在企业经营效益还是在行业地位上，企业都呈下降趋势，听之任之，将导致企业发展失速。此时，需要从本质上分析既未达成预算又比去年同期下降，或者低于行业平均水平的真实原因，制定相应的改善目标和行动方案，并将责任分解到人。

“疾在肠胃，火齐之所及”。三个维度都处于 2 分或以下，说明无论对比预算还是对比去年同期都更低，人效低于行业平均水平，企业已处于自由落体的下降态势中，发展陷入困境。企业可以从人效冠军的五要素即先人后事、战略聚焦、研发创新、组织精益、双高文化入手分析原因，寻找对策，做出改善，扭转态势。

如果三个维度的指标连续数月或数季低于 2 分，企业将面临生存危机。当然，这样的企业也不是不能翻身。稻盛和夫在 80 岁高龄临危受命担任破产重建的日航董事长时，面临的就是这样的局面。“销售最大化、经费最小化”是这位德高望重的日航救世主的拯救宗旨，他要求将相关数据在每月发行的公司报上刊出，让所有人都重视起来。他还将毕生成功的经营理念及工具、方法用在日航的经营管理上，并结合日航现状，制定“日航哲学”40 条，通过一系列的变革推动人效的提升。一年后，日航就起死回生，扭亏为盈。

通过人效看板的运用，以及对人效数据的持续分析与跟踪，并同时使用红色标识（用红色标记比较差的指标）实时暴露问题，再持续改善，检验成效，相信各企业一定可以逐步提升自己的人效水平，从而增强市场竞争力。

当然，在进行人效指标对比和分析时，需要结合企业所处不同行业、不同的发展阶段、不同的商业模式和竞争策略，综合判断企业人效高低的原因并采取相应的对策。人效分析并不是单纯地追求人效数据绝对值的不断提高或趋势的陡峭上升，更重要的是通过管理人效来持续提升企业的管理水平和竞争力。企业追求人效的提升，需要在长时间跨度下去管理自己的经营行为，否则很可能出现短视的管理决策，不敢投入研发创新、因人力成本太高舍不得引进高端人才、不愿意进行信息化与自动化升级换代、盲目开始多元化和跨行业发展等，就是典型表现。采取以上举措，虽然短期内能提升人效水平或使趋势变好，但长期来看，会伤害企业的持续竞争力、潜藏人效下跌风险。

■ 关键发现

- 想成为人效冠军，第一步是要了解自己和人效冠军之间的差异是什么。
- 人效监测仪表盘能够帮助企业非常简洁、直观甚至可视化地评估目前自身的人效状况。
- 行业不同、发展阶段不同、管理要求不同，企业人效监测仪表盘的指标构成会有所区别。
- 行业平均水平的人效是企业的生死线。
- 人效高于竞争对手的企业，在商业竞争中比对手更有竞争优势，在商业策略的选择上就会有更大的主动性。
- “与预算比”和“与外部比”一定要与“与过去比”组合分析，既要比绝对水平，也要比变化趋势。
- 企业追求人效的提升，需要在长时间跨度下去管理自己的经营行为，否则很可能会出现短视的管理决策。

■落地工具

- 工具一：人效冠军潜力自测表。
- 工具二：德锐咨询人效监测仪表盘。
- 工具三：人效看板。

Champions of
Labor Efficiency

第9章

回归初心

我认为循环反馈很重要，这样你可以及时知道自己做得怎么样，是否可以做得更好。最好的忠告是：反复问自己，我是否可以做得更好。

——埃隆·马斯克

我们总是不可避免地被问：我们的企业一定要追求高人效吗？或者说，高人效是我们的终极追求吗？

我们对此的回答是，高人效的状态犹如人健康而强壮，它本身不是目的。作为企业，我们的初心应该是持续、高质量地为客户提供服务，并为社会创造价值。通过提升人效，打造自身高效的经营管理体系，产出高质量的产品和服务，能够让我们达到目的，回归初心。

一切为了客户

企业持续追求高效，成果最终体现为为客户带来优质、价廉的产品或服务。

每个客户，无论是个人还是企业，都能体会到这样的欣喜：用更低的成本，买到最满意的产品或服务。始终保持高人效的企业，在造就着无数个这样的欣喜。这样的企业都在从事看似平凡，其实伟大的事业。

“企业独有的天赋”和“世界上存在的需求”的交集，构成了企业存在的意义（见图 9-1）。高人效的企业自身具备天赋，这种天赋不仅包括能够提供高质量的产品和服务，还包括高效地提供这些产品和服务。高人效企业的天赋，刚好能够满足众多客户需求，这就是高人效企业的非凡之处，也是企业的初心所在。

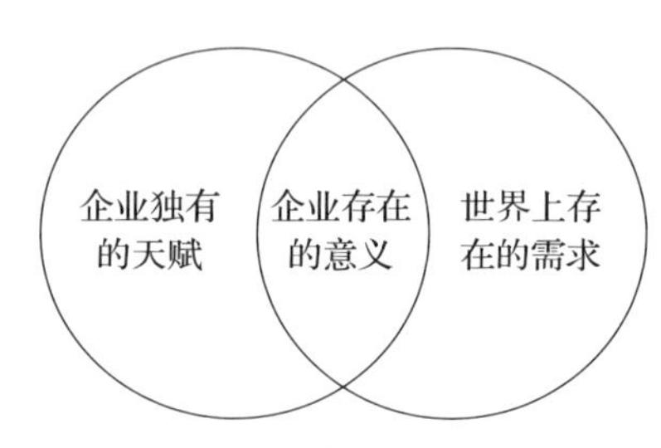

图 9-1 企业存在的意义模型

管理大师杰克·韦尔奇在谈到客户导向时说：“客户，这是我们公司发家的开始。真正的客户导向精神是伟大企业的特征，过去我们在这点上取得了长足的进步，但我仍希望看到现在的新领导班子能取得革命性的巨大进步，能真正理解客户的需求。”

华为董事会成员、战略研究院院长徐文伟先生 2009 年在华为校园招聘核心工作组会议上曾经讲过一句话，“以客户为先的服务意识就是端茶倒水的能力”。华为招聘了很多“985”“211”院校重点专业的硕士毕业生，他们都是天之骄子。华为在选拔中一个很重要的标准就是要有服务精神，只有具备这种“端茶倒水”的精神，才可能服务好客户。以客户为先的服务意识不是抽象的，那种成就他人、服务他人的意愿，可以在各种具体的小事中得到体现。

作为混凝土设备的全球第一品牌，三一重工秉持“一切为了客户，创造客户价值”的理念，建立了一流的服务网络和管理体系。在服务模式和管理手段的创新上，他们的方式、方法层出不穷，从“保姆式”服务、“管家式”服务到“一生无忧”服务，从 800 绿色通道、4008 呼叫中心到企业控制中心（ECC），三一重工的这些服务改进举措既能为客户带来实实在在的优质服务和效率提升，往往也可以引领行业跨越式发展。

三一重工：一切为了客户，创造客户价值

在三一重工，有个形象的说法是："德国产品能用四年，我们的产品能用三年，但我们的服务工程师随叫随到。"总裁向文波自豪地说："对客户来说，服务至关重要，三一重工在全球打造了一个无与伦比的服务品牌。没错，我说的就是无与伦比！"三一重工不仅说到，也能做到。2011 年，中国质量协会公布的中国工程机械行业用户满意度测评报告就是对他们行动的直接肯定。这份报告对中国 14 大类工程机械的服务和质量进行排名，三一重工所涉 12 大领域，获得 8 个第一、4 个第二，做到了当之无愧的"数一数二"。

服务，从一开始就成为三一重工制胜的战略选择。按创始人梁稳根的说法是："我们要用偏执的态度，穷尽一切手段，将服务做到无以复加的地步。"每周二的上午，梁稳根都要亲自主持一个全球视频会议，对集团上周客户的服务情况做出评价，所有事业部及分公司总经理，以及质量、服务、人事等职能部门负责人都要参加，通过这样的努力，三一重工真正将客户服务做成"一把手工程"。

一切为了客户，能够从根本上提升企业人效。

首先，商业源于信任，真正做到一切为客户的企业，和客户之间更容易建立起充分信任的关系，这将会减少企业与客户之间很多沟通和教育的成本。企业可以将更多资源用在提供高质量的产品和服务上，提升了人效。

其次，真正做到一切为客户的企业，将拥有更加忠诚的客户和更好的口碑，这能够为企业带来稳定的收入和更多的商业机会，使企业的

业务拓展更加轻松，也能节省业务开拓所需的费用和资源，人效也可以得到提升。

最后，真正做到一切为客户的企业，完全从客户的角度出发处理问题的一个表现是，为了更好地服务客户，企业会持续优化自身的用人标准、选拔机制、培养方式等。选择能够真正为客户服务和创造价值的人，企业用人会更加精准、用人效率更高，长此以往，也会让自己的人力资源体系更加高效，更能支撑业务目标的实现，从而从根本上提升人效。

追求为客户创造更好的产品和服务，将帮助企业塑造更高的认同度和更大的竞争优势，也能牵引企业内部的战略制定、组织与流程、人才管理、技术创新和企业文化建设等以最高效的方式开展。

迈瑞医疗的服务与研发都围绕客户需求展开，获得的回报是，公司的人效得到了持续提升，为客户创造价值的同时，客户也在为企业回报价值。

迈瑞医疗：让客户便利，让自己伟大

迈瑞医疗的高管在内部讲话和分享时，最引以为豪的不是公司的技术多先进，规模多大，发展速度多快，而是全方位、全时段、全过程的售后服务体系，它借助业界领先的客户关系管理平台对服务全过程进行管理，保证服务质量。

一方面，迈瑞医疗从提供单一服务产品发展到提供整体服务解决方案，增强了客户黏性，为持续推送产品和后续服务提供了支撑。迈瑞医疗售后服务团队以严谨的专项技术培训、过硬的业务技能、深厚的实践经验，为客户提供专业、高效、快捷的服务。迈瑞医疗的服务体系，实现了已购设备不断升级，以保持设备技术的先进性，保证客户的设备配置与科技发展和医疗技术进步同步。

另一方面，迈瑞医疗产品研发的核心就是紧密围绕客户的需求。例如，针对基层医生欠缺操作超声仪器的经验、缺乏培训，以及部分科室（如急诊科、麻醉科）医生不能娴熟使用超声仪器的痛点，迈瑞医疗的美国超声研发团队通过访谈大量客户，研制出没有任何按键的触摸式智能超声产品，使市场对超声产品的需求激增。迈瑞医疗坚持以市场为导向的产品研发，不盲目提倡产品面面俱到，而是有所为有所不为。2015年，该公司就停掉了MRI、流式细胞仪、软镜等产品的持续研发，让公司的资源聚焦在更能借助本公司优势为客户提供价值的领域。

不要浪费被赋予的资源

资源是有限的，人类社会绝大多数的冲突和纷争都源于资源分配问题，企业应该高效利用获得的资源，不要浪费社会赋予的资源。

追求高人效的企业，对被赋予的资源抱有敬畏之心，在企业的经营与管理上战战兢兢，利用一切机会提升效率、节约资源。它们是社会剩余价值的创造者。甘于低人效的企业，不知社会资源的珍贵，以浪费社会资源的方式创造少量价值，且更多的是为本企业或少数人创造价值。这样的企业和企业经营者，是资源的消耗者。

事实上，总体而言社会资源会自然而然地向高人效的企业汇聚。一方面，只有高人效的企业，才有资格争取到并支配更多的社会资源；另一方面，如果企业不能做到高人效，浪费社会赋予的资源，就必然受到惩罚，要么被淘汰出局，要么被更强的竞争对手兼并和收购。

3G资本：收购并塑造优质的高人效企业

在2015年伯克希尔－哈撒韦50周年股东大会上，投资者对巴菲特提出的第一个问题就是关于3G资本的：“伯克希尔－哈撒韦与3G资本已有多次合作，而3G资本收购公司后往往大幅裁员。这让股东对这种合作感到担心，并怀疑伯克希尔-哈撒韦的道德水平。”巴菲特答道：“一家公司雇用的员工不能超过必需的程度，这根本不是道德问题，是工业发展趋势。”的确，3G资本在所收购企业的成本削减和效率提升方面，一直是不遗余力的，这也是他们从一家巴西投资银行起家，发展到一个市值3000多亿美元的食品饮料帝国的秘诀之一。

3G资本，由三位默默无闻的巴西人以投资银行业起步。它从收购一家日薄西山的零售企业美洲商店入手，到收购重组濒临破产的巴西博浪啤酒，最终实现惊天逆袭，鲸吞并掌控百威英博、汉堡王、亨氏、卡夫、提姆霍顿、南非米勒六家跨国企业，年营业收入合计达到1000亿美元，市值总和高达3500亿美元，成为全球最大的食品饮料集团。巴菲特曾说过：“我们一定要找由优秀的管理层管理的公司，因为我们自己无法提供优秀的管理层。”3G资本的做法似乎比巴菲特更进一步，他们不仅能够发现价值，还能通过控股企业，派出自己的管理层去经营企业来释放价值，在这个过程中提升效率、创造价值。

3G资本投资的公司虽然丰富多样，但都具有共同的特点：拥有非常强的品牌、非常深的护城河，但经营不善、机构臃肿、效率低下、成本高企。3G资本通常会介入公司管理，派出自己的人才，同时输出自己的文化，通过成本的削减、效率的提升来释放公司的内在价值。

3G资本采用“零基预算”（zero-based budgeting）机制，以各种有效的方式削减成本。通常，一家公司的下一年度预算都是根据本年度的经营状况，设定一定比例的增加或减少。零基预算则完全根据实际的下一年度工作目标和计划，从零做起，没有预算则不能开销。这就迫使公司必须将未来一年的工作计划制订得严肃、认真、细致、周详。否则，要做预算外项目，要么无资金支持，要么自己勒紧腰带从别的项目中省出钱来。3G资本所有高管出差均乘坐经济舱，住三星级酒店，无独立办公室。三位合伙人都在世界富豪榜排名前列，却过着极其简约的生活。

3G 资本的成长过程，诠释了一家充分尊重社会资源的企业如何并购、重组那些没有珍惜社会资源的企业。通过这样的方式，3G 资本的高人效得到了复制，节约了更多的社会资源。

《哈佛商业评论》的一项研究表明，在道琼斯全球指数（DJGI）最大的 2500 家公司中，由可持续发展方面表现最好的 5% 公司组成的道琼斯可持续发展指数（DJSGI）的投资回报要高于全球指数。在一份为期 5 年的对比研究中，道琼斯可持续发展指数比道琼斯全球指数投资回报的表现平均高出 36.1%，道琼斯可持续发展指数中的能源企业比全球指数中的同类企业表现平均高出 45.3%。

这项研究还表明，拥有更强社会责任感的企业，如致力于保护环境、节能减排等，可以在很大程度上降低运营成本。迪士尼通过设立减少对环境危害的目标，倡导绿色标准等措施，每年降低了 10% 的用电量，而这些节省下来的电量可供三个主题公园使用一年。联邦快递（FedEx）700 架飞机与 44 000 辆机动车组成的运输队伍，一天就要消耗 400 万加仑[㊀]燃料。公司按既定的“燃料意识”计划，可以减少约 35% 的燃料消耗，使载运量提升 20%。

优秀而伟大的企业就是这样的：高效地利用资源成就自我的同时，很好地履行了社会责任。社会责任感越强的企业，利润越高；越是利他的企业，越能得到社会的认可，人效也越高。

保持高效，不要浪费社会赋予的资源，否则投资人、客户和市场将离你而去，等待你的可能就是被淘汰的命运。

永远保持节俭

当吉姆·柯林斯去拜访惠普的创始人之一戴维·帕卡德时，他看到的是仍住在 1957 年和妻子亲手建起的那所小房子里的帕卡德。那里有

㊀ 1 加仑（美）= 3.79 升；1 加仑（英）= 4.55 升。

一个简朴的果园、小小的铺有漆布的厨房和布置朴素的起居室，让人完全看不出来这里住的是硅谷首批自立发财的亿万富翁之一。

要保持高人效，一方面需要持续做大产出，另一方面需要控制成本，保持节俭，压缩不必要的支出。对于创业初期的企业来说，这一点似乎不难做到，但是在企业腾飞后，依然保持节俭的传统，对大多数企业来说是有难度的。尤其是在企业经历了上市等重大飞跃后，财富的暴增很容易让人放松警惕，由俭入奢易，由奢返俭难，经营企业亦如此。

曾经称霸世界的罗马帝国有许多方面在历史上都是最伟大的，因节俭而建国的是它，因奢侈浪费而亡国的也是它。现代德国的前身普鲁士王国，发迹于狭小的北欧沙滩，被弗雷德里克大帝深深植入了节俭的品格，这使他们在短时间内积聚了巨额财富，并形成了强大的军事力量，后来的日耳曼帝国和德意志则一直保留了这样的传统。连看上去略显不羁的法国，也是节俭的代表，在1870年的普法战争战败后，法国面临着无法承担的巨额赔款，但勤俭善积蓄的法兰西农民站了出来，迅速帮助国家还清了巨额赔款和战争费用。可以说，罗马帝国的建立、普鲁士的建国以及法国的救亡，都是以节俭为基础的。

我们不难看到，高人效的企业，其核心管理者往往是极其节俭的，尤其是在个人生活和公司非重要事项方面。

巴菲特：节俭的首富

巴菲特和他的伯克希尔－哈撒韦公司总部只用25人管理着5000多亿美元的财富。巴菲特本人的财富达到了1000亿美元，却向来以节俭著称。

巴菲特用的桌子是父亲霍华德留下的简陋木桌，上衣肩膀处打着褶儿，像是批量生产出来的便宜货。每天，无论伯克希尔－哈撒韦总部的其他员工如何着装，巴菲特都是这身行头。他穿着一件普普通通的白衬衣，衬衣领子太小，将脖子勒得紧紧的，领结与领口也不太贴合。

看上去这件衬衣是他年轻时买的，而且在过去 40 年中，他似乎都忘了量一量脖子的尺寸。

在部分低利润行业（如零售业），利润主要来源于对每一份开支的严格控制。在这方面，正如我们在第 7 章中介绍的，沃尔玛可以称得上全球企业的标杆。

永远保持节俭，并不意味着目光短浅的抠门，而是科学地管理自己，以及时间、金钱等一切资源，将最重要的资源有效地配置在最重要的方面。

永无止境地追求高效

人类对更高效率的追求从来都是永无止境的。正是因为这样的追求，人类社会才会不断地进步和发展，我们才有了近代以来的工业革命、电气革命、信息革命，直至当前以人工智能、大数据、量子计算等为标志的科技时代的来临。

任正非说：“一个企业最重要、最核心的就是追求长远地、持续地实现人均效益增长。”成功的企业都长期、永无止境地追求更高的效率，2011 ～ 2018 年，华为销售额增幅是人数增幅的 5.5 倍，利润增幅是人数增幅的 3.3 倍。SpaceX 一次次改进火箭的发射和回收技术，已经可以只花费 225 万美元即可送卫星上天。他们在马绍尔群岛的瓜加林环礁发射台，只配有 25 个员工和 6 个任务控制员。配置这么少的人，就是为了降低成本。在埃隆 · 马斯克看来，太空发射服务的价格高，部分原因是存在不必要的官僚架构，所以他们希望通过多方面的努力，克服这些不利因素，降低成本，同时提高太空服务的可靠性。

追求和保持高人效，如同追求持续增长一样，应该是企业持续追求的方向。如何保持这种势头？最有效的方法之一就是将这种追求落实到组织文化上。

华为是持续追求高人效的标杆。华为“以客户为中心、以奋斗者为本、长期艰苦奋斗”的企业文化，就是持续追求高人效的直接体现。任正非说：“别的公司是‘以人为本’，我们是‘以奋斗者为本’，我们和西方为什么不一样呢？西方企业以人为本，结果垮了，我们以奋斗者为本，越来越厉害了。”应该说，“以奋斗者为本”是对“以人为本”的细化和升华。相比“人”，“奋斗者”传递的信号更精准，更具导向性，更加明确、持久地体现出追求高效。在遭受美国实体清单制裁的背景下，华为打出“唯有持续奋斗，才能取得胜利”的口号，虽有严峻形势下的悲壮，但这也是华为一直着力塑造和追求的状态。

提升人效的另一大利器，是科学技术的应用。中国平安通过 AI 技术的应用，显著提升了办理传统金融业务的效率。以保险理赔为例，它每年处理 1100 万起以上的理赔，其中 98.7% 当天赔付，60% 为自助理赔；工作效率方面，AI 助理构建起任务管理、智能陪练、智慧问答三大能力，实现了对代理人的任务智能配置和在线销售协助；招聘方面，中国平安将 AI 甄选与 AI 面谈应用于 1100 多万名准增员对象，全面应用甄选模型的方式后，留存 13 个月以上的代理人的识别率达 95.4%；培训方面，中国平安打造“千人千面”智能学习平台，让员工自主而高效地学习成长，大幅提升代理人技能、绩优人群的培养效率，从普通代理人成长为绩优人力的用时从 36 个月缩短至 15 个月，绩优人群规模从 2018 年 38.3 万人扩大至 2019 年的目标 45.9 万人。通过数字化和人工智能，中国平安收获了显著高于同行的任务处理效率、人才选拔和培养的效率，从而确保人效和业绩的长期领先。

2019 年，中国学者尹恒和李世刚做的一项研究表明，中国制造业的生产效率，还有平均 160% 的改善空间。也就是说，在不增加固定资产投入的情况下，通过管理提升、优化资源配置等措施，中国制造业在人均产值、固定资产投入产出比等产出效率方面还可以提升 1.6 倍。

这是非常可观的提升空间。

作为一家人力资源咨询机构，德锐咨询努力提升自身的组织能力和人效，也尽力帮助更多企业建立科学的人效观，甚至直接参与到企业提升人效的过程中。这既是帮助企业家和社会共同塑造卓越的企业，也是回归自己的初心，为客户和社会贡献真正的价值。

■ 关键发现

- 企业持续追求高效，成果最终体现为为客户带来优质、价廉的产品或服务。
- “企业独有的天赋”和“世界上存在的需求”的交集，构成了企业存在的意义。
- 一切为了客户，能够从根本上提升企业人效。
- 追求高人效的企业，对被赋予的资源抱有敬畏之心。
- 永远保持节俭，并不意味着目光短浅的抠门，而是将最重要的资源有效地配置在最重要的方面。

■ 落地工具

- 工具：企业存在的意义模型。

附录 A

答　疑

1. 问：《人效冠军》与《345 薪酬》的关系是什么？

答：两者的相同之处在于都以提升人效为目的，且都遵循人力资源领先战略。不同之处在于《345 薪酬》主要从人的角度出发提升人效，包括人才选择、人才培养、人才激励和组织瘦身等。而《人效冠军》是对人效冠军的共性入手进行探索，是一个更全面探究企业高人效本质的研究：人效冠军共同的特点包括先人后事、战略聚焦、研发创新、组织精益和双高文化。

2. 问：《人效冠军》与人力资源领先战略的关系是什么？

答：在中国转型的当下，人已经成为企业最重要的资源。我们率先提出了人力资源领先战略，即企业在所有资源中优先投入和配置人力资源。而人效管理是基于人力资源领先战略提出的又一重要举措，企业家如何在人的时代打赢战役，人力资源领先战略给出了指导思想，人效冠军给出了系统方法。为什么要实施人力资源领先战略？事实上，人力资源领先战略的内容本身已经包括成为领先企业的成功逻辑：从遵循领先的理念、采取有效的措施，到拥有强大的组织能力，最终成为卓越的企业，这与打赢人效战的内在逻辑是一致的。

（1）企业家和企业高管需要有领先的人力资源理念，用领先的人力资源管理理念武装自己，摒弃人力资源管理中陈旧的、过时的、片面的、错误的理念。对于人效，企业家需要摒弃诸如“规模是企业重点关注的指标”等片面观点，并引入“人效是企业持续发展的根本”“企业应该做强而不仅仅是做大”等领先理念。

（2）企业有了领先的人力资源理念和人效管理理念，就会有更领先的人效管理措施，有更高效的战略选择模式，识别与建立领先的人力资源体系。当企业拥有一个领先的人力资源体系时，相比同行和竞争对手，企业在人才选择方面就具有更多的优势，能吸引更多优秀的人才，也能鉴别出更优秀的人才；在人才培养方面速度更快；在人才激励方面有更好的效果；在企业文化方面能有更好的团队氛围、更高效的组织协同；在人力资源的组织保障方面，也将比同行具有更专业、高效的人力资源团队。同时，配备更精益的组织模式、更高效的流程、更领先的技术、更适合的人效管理指标，企业就会有更高效的组织运营能力和高人效结果。

（3）当一个企业的人效管理体系高效运转时，企业必然具有高于同行的组织能力，这样的企业更容易成为领先的企业。

可以说，人力资源领先战略是人效管理的思想指导，人效管理是人力资源领先战略在思想上的补充、在实践上的展开。有了思想上的指引，才能确保人效管理往一个正确的航向驶去。

3. 问：为什么永远提先人后事？

答：所谓先人后事，就是把合适的人请上车，让不合适的人下车，大家各就各位，然后才决定把车开向哪里。吉姆·柯林斯发现了从优秀到卓越的公司都采用了“先人后事”理念，我们在本次研究中发现高人效企业也遵循“先人后事”。也就是说，企业首先要招聘和留住合适的人，再决定企业的发展方向和战略。先人后事可以让企业的发展事半功倍，没有合适的人，事业的“车”就不会稳。先人后事也就是人力资源领先战略，强调人的重要性。事实上，在这个时代人力资本已经成为最重要的资产，这是时代的必然要求。企业的核心在于为消费者提供合适的产品或服务，而这一切都是由人来完成的，产品的研发者、服务的提供者也是人，尤其在VUCA时代，人的重要性更加凸显，因而先人后事成为企业发展的必然选择。

4. 问：《人效冠军》相较于之前的六本书有新的颠覆吗？

答：前面的六本书《聚焦于人》《精准选人》《345薪酬》《股权金字塔》《重构绩效》《找对首席人才官》更多地从人力资源角度出发。《人效冠军》并没有对它们进行颠覆，《人效冠军》是对前者理念的验证。本书发现了之前的许多方法和理论在人效冠军中是共通的，比如先人后事、对合适的人加大激励、组织瘦身、双高文化等。

5. 问：为什么研究中用到非研究对象的案例？

答：本书运用非人效冠军的案例主要是为了和人效冠军做对比，以便大家更深刻地理解人效冠军的做法。

6. 问：我应该从何开始，又怎样开始呢？

答：人效提升是一项系统的工程，提升人效不仅是目的更是手段，人效提升的最终目标是帮助企业做强。因此人效提升需要结合高人效的五个关键要素进行梳理，进行多维度的诊断分析。为了节约时间、降低试错成本，建议企业引入外部更专业、经验更丰富的咨询公司，系统地提升人效。

7. 问：在提升人效的过程中，董事会起什么作用？

答：董事会对于企业一把手的选择起到重大作用，董事会是践行先人后事理念的第一道关，我们知道本书的核心思想在于人，先人后事也是我们最重要的理念。而践行先人后事，首先就要有一个合适的CEO，只有选择合适的CEO，企业才能往更正确的方向走。对此，我们建议读者读一下《聚焦于人》，这本书详细谈到了先人后事的理念以及CEO在人力资源中的关键作用。

8. 问：我是一家小企业的负责人，小企业也需要提升人效吗？

答：小企业比大企业更需要高人效，如果你的人效足够高，你度过危机的可能性就会大一些。

2020 年春节前后，新冠肺炎疫情席卷全国，国家各方紧急组织救援队伍、发布政策，各企业捐款捐物，各省市一省包一市支援湖北……全国人民团结起来与这场疫情做斗争，企业在这场战“疫”中成为备受关注的一方。许多中小企业纷纷面临倒闭危机，称活不到疫情结束。

我们对疫情期间的企业做了一个调查，结果显示，人效高于行业平均水平的企业会比低于行业平均水平的企业拥有更长的现金流，也就意味着，高人效的企业在这场战“疫”中能够活得更久，高人效的企业拥有更强的抗风险能力。表 A-1 展示了企业现金流和人效的关系。

表 A-1 企业现金流和人效的关系

你认为贵司的“人均产值”处于行业中的什么水平	现有现金流能够支撑公司扛多久（月）	现金流理想储备时间（月）
高于行业平均水平	7.0	10
达到行业平均水平	6.6	8
低于行业平均水平	6.9	12
平均值	6.8	10

在面对风险的时候，大企业相对有更多的选择，而小企业的选择非常有限，最为直接有效的抗风险方式就是拥有更高的人效。

9. 问：如何解释有一些行业没有被选择？

答：对行业进行筛选，是因为有一些行业中的企业主要受政策、资源、竞争壁垒等外部因素主导，管理对人效的影响有限，例如能源行业的垄断企业，它们拥有一些普通企业无法拥有的资源。我们研究、总结人效冠军的目的就是寻找适合大多数企业通用的管理措施，这是我们研究的导向。

10. 问：你能确保所研究的企业一直是人效冠军吗？

答：我们的研究是基于筛选出来的上市企业过去5年的表现，以及市场评价等多个维度进行的。中国企业的历史普遍不长，在5年内维持高人效并不容易，我们也尝试了拉长时间线去寻找人效冠军，只是脱颖而出者非常少，对于研究的价值加成很有限，所以我们研究的企业完全担得起人效冠军的称号。当然不排除今后其中的一些企业可能在某些维度上发生偏差，导致人效降低，或者行业黑马觅得人效真谛，后来居上。

Champions of
Labor Efficiency

附录B

人效冠军的选择过程

我们筛选的过程分为三个阶段：第一个阶段是对于人们心中比较认可的人效冠军企业进行研究；第二个阶段是数据论英雄，进行更加科学严格的筛选；第三个阶段是对于筛选出来的企业进行评审，综合数据和实证材料的研究，最终选出目标行业中的人效冠军，以保证筛选出的人效冠军是“全面”的人效冠军。

第一次选择：人们心中的人效冠军

首先选择人们心目中的标杆企业进行研究，选择没有特定的标准，对不同行业的人效冠军做出了猜想。

首先，基于我们对于行业的理解，选出团队内部能够达成共识的部分行业中的人效隐形冠军；其次，通过对服务过的企业的高管、HR等进行访谈，了解他们心中的标杆企业；最后，结合社会评价的共识和我们自身的咨询经验，经过近10轮研讨，选出我们心中的人效冠军：**格力电器、万华化学、万科、中国平安、上汽集团、招商银行、迈瑞医疗、恒瑞医药、云南白药、三一重工、金风科技、中国建材、晨光文具、华为、海底捞、沃尔玛**。

我们对这些标杆企业进行研究，目的是验证人们心目中的好企业是否就是高人效企业，企业强大是否意味着人效高，进一步佐证人效冠军的研究意义所在。

第二次选择：初选出 25 个备选人效冠军

人效是可以通过通用指标来衡量的，所以我们从数据上进行了筛选和验证。筛选范围为中国 6874 家上市企业 + 部分国际企业 + 未上市的行业标杆企业。选择部分国际企业，是因为这些企业在中国有充分的影响力，在人效管理上的研究价值有目共睹，比如沃尔玛；部分标杆虽未上市，但有公开的年报，且信息充分，较之大部分未上市的企业，可研究性较强，比如华为。

行业筛选

我们参照 Wind 的行业分类标准，从 11 个一级行业细分到 153 个四级行业都进行了分析。为了确保所选行业的企业之间具有较高的可比性，我们使用细分程度最高的四级分类，根据以下标准进行筛选。

（1）排除资源型、垄断型、政策导向型、资本导向型、社会服务型行业。

（2）细分行业的企业之间产品差异不大。

（3）建立在前面筛选的基础上，三级行业中企业数量 >30 家（非 A 股上市的国内龙头企业较多的行业除外，例如保险行业）。

（4）经过人效冠军标准筛选后，该细分行业所剩企业数量 >3 家。

（5）同属一个三级行业的四级行业中，企业数量最多的行业。

（6）行业中多家国内标杆企业未在 A 股上市的行业。

最终经过研究团队的充分研讨选择出：家用电器、基础化工、多元保险、汽车制造、多元银行、医疗保健设备、西药制药、中药制药、重型建筑工程机械、纸制品、服装与鞋类、机动车零配件与设备、电气设备、通信设备、餐饮、零售16个行业。

冠军标准

通过对所选行业的所有主板上市企业（及部分港股上市、美股上市、未上市企业）的数据分析，我们设置了非常严格的人效冠军的标准。

（1）近5年营业收入规模在10亿元以上。

（2）近5年没有亏损。

（3）有5年以上的公开数据。

（4）人均净利润连续5年行业前5（若某个行业满足此条件的企业较多，则综合比较人均营业收入、人均投入产出比、净利润/人力成本这三个指标，一个行业最多只选取数据表现最优秀的3家企业）

（5）2018年人均营业收入达到80万元以上、人均净利润达到15万元以上。

（6）当行业中没有满足上述条件的企业时，可比较近3年的数据。

选择前5名是因为我们允许一个企业的人效排名有波动，尤其是在所选行业的竞争性较大的情况下；选择5年的时间跨度，也提高了冠军的门槛，毕竟长期在行业中保持人效领先的都是佼佼者；我们允许一个行业出现“三个冠军”是为了避免唯数据论，毕竟数据只能论证过去，不相上下的人效数据背后也许是千差万别的管理模式，这些可能性我们都不会放过。

通过这次筛选，我们一共发现了25家潜在冠军。在猜想冠军中，因为行业筛选，万科、中国建材和晨光文具没有得到验证，但其他企业都被初步验证是行业中的人效领先者。

初选名单

初选名单如表B-1所示。

表 B-1　人效冠军初选名单

行业	猜想冠军	潜在冠军
家用电器	格力电器	格力电器
		九阳股份
		老板电器
基础化工	万华化学	万华化学
保险	中国平安	中国平安
		中国人寿
汽车制造	上汽集团	上汽集团
机动车零配件与设备	—	科博达
多元银行	招商银行	招商银行
		浦发银行
		兴业银行
医疗设备	迈瑞医疗	迈瑞医疗
西药制药	恒瑞医药	恒瑞医药
		信立泰
中药制药	云南白药	云南白药
重型建筑工程机械	三一重工	三一重工
		中国重汽
纸制品	—	太阳纸业
服装与鞋类	—	森马服饰
		海澜之家
电气设备	金风科技	金风科技
		天顺风能
通信设备	华为	华为
零售	沃尔玛	沃尔玛
餐饮	海底捞	海底捞

第三次选择：最终选定 12 个人效冠军

根据这份包含 25 个候选冠军的清单，我们对于这些公司进行了深入研究。对此我们没有设置严格的标准去筛选，目的是让研究小组充分挖掘目标企业的信息，以便对企业有更全面的了解。必须包含的要素为领导人、战略及商业模式、营销与运营、产品与服务、研发与生产、组织与流程、人才管理、企业文化。研究小组对 25 家企业进行深入的研究，目的是选择其中真正适合研究的最具代表性的人效冠军，可能有些企业的人效数据确实非常好，但是我们也需要综合考量社会对于这些企业的评价，以及财务稳健性等指标，而且行业之间关联度较高的可以择一研究（例如，在西药制药和中药制药中，我们选择了西药制药；在汽车制造与机动车零配件中，我们选择了汽车制造）。通过"个人研究—汇报—案例交叉研究—答辩 / 研讨"的方式多次循环验证 / 研究，研究小组最终锁定了 12 个人效冠军（见表 B-2）。

表 B-2 各行业人效冠军

行业	人效冠军
家用电器	格力电器
基础化工	万华化学
多元保险	中国平安
多元银行	招商银行
医疗设备	迈瑞医疗
西药制药	恒瑞医药
重型建筑工程机械	三一重工
纸制品	太阳纸业
服装与鞋类	森马服饰
通信设备	华为
餐饮	海底捞
零售	沃尔玛

Champions of
Labor Efficiency

附录 C

人效冠军的调研回顾

初步筛选出 25 家候选冠军企业后，研究小组进行了以下调研和分析。

公司法规文献

对每一家企业，研究团队的成员会寻找、收集有关文献、公开报道等书面材料，包括：

（1）在公司整个历史上，所有发表过的有关公司的主要文章，如发表在《财富》《商业周刊》《哈佛商业评论》《第一财经周刊》《中国商业评论》《时代商界》《新财商》《财智》《智行天下》上的文章以及从行业或专题材料中选取的文章。

（2）直接从企业获得的材料，特别是主管撰写的图书和文章，他们发表的演说、内部刊物、年度报告和公司其他文件。

（3）企业或外界观察家出版的有关该行业、该企业或企业领导人的图书。

（4）商学院案例和行业分析。

（5）商业和行业参考资料以及类似材料。

（6）年度报告、代理声明、分析家报告和其他有关企业（特别是企业转变期）的材料。

然后，研究人员将每家企业的所有信息编录成分类文件，以企业成立至今的时间为序，按以下分类进行编制。

分类 1：企业领导人。首席执行官、总裁、董事会成员、主要高管和其他管理者。有关领导人接任、领导风格等的数据。

分类 2：人才管理。人才选择、人才激励、人才培养措施等，包括人效冠军企业对人才选择的标准、人才激励的方法以及人才培养的相关措施等。

分类 3：商业战略和战略过程。企业战略的主要因素，制定战略的过程，包括重要的并购。

分类 4：市场、竞争对手和环境。企业的竞争环境和外部环境中有哪些主要竞争对手，竞争对手的重要活动；主要市场转移；国内外重大事件，政府规定；行业结构问题；大范围技术改造以及相关项目。

分类 5：组织。比如，组织结构、政策和程序、制度、奖励和激励、所有制结构。

分类 6：产品和服务。企业历史上重要的产品和服务。

分类 7：研发。企业对于产品的研发投入，研发人员结构。

分类 8：技术运用。企业如何运用技术：信息技术、生产工艺和装量、高级技术构形和相关项目。

分类 9：企业文化。比如，企业文化惯例、人文政策和惯例、标准、程序、神话和故事、团队活力、管理风格和其他相关项目。

分类 10：核心竞争力。企业保持领先的核心竞争力是什么？比如，产品、研发、商业模式、人才管理等。

分类 11：其他。以上没有涉及的其他重要材料。

数据分析

我们对每家企业进行了系统的数据分析，时间跨度为 2014 ～ 2018

年。表 C-1 列出了数据分析的维度。

表 C-1　数据分析的维度

维度	指标 / 内容
人效	人均营业收入
	人均净利润
	人均投入产出比
	净利润、人力成本
	人均薪酬
经营	总营业收入
	总利润
	存货周转率
费用	三费占比
	研发费用占比
	薪酬支出占比
人员结构	研发、销售、职能人员占比
	年龄结构
	学历结构
资本	资产回报率
	净资产收益率
	（长期）资产负债率
	平均每股收益
	近 5 年的评级
其他	—

问卷调研

人效问卷调查表

1. 您公司所属的行业是（　　）。

A. 制造业

B. 能源生产和供应业

C. 建筑业

D. 房地产业

E. 交通运输、仓储和邮政业

F. 信息传输、软件和信息技术服务业

G. 批发和零售业

H. 住宿、餐饮业

I. 金融业

J. 商务服务业

K. 文化、体育、娱乐、教育业

L. 其他

2. 如果持续不能复工，您公司的现金流将能扛（ ）。

A. 1 个月

B. 2 个月

C. 3 个月

D. 4 个月

E. 5 个月

F. 6 个月

G. 7 个月

H. 8 个月

I. 9 个月

J. 10 个月

K. 11 个月

L. 12 个月

M. 18 个月

N. 24 个月以上

O. 其他

3. 您认为一家公司的现金流储备，在没有收入的情况下，能至少支撑公司（ ）为最佳。

A. 1 个月

B. 2 个月

C. 3 个月

D. 4 个月

E. 5 个月

F. 6 个月

G. 7 个月

H. 8 个月

I. 9 个月

J. 10 个月

K. 11 个月

L. 12 个月

M. 18 个月

N. 24 个月以上

O. 其他

4. 您认为贵公司的“人均产值”(　　　)。

A. 领先于行业平均水平

B. 高于行业平均水平

C. 达到行业平均水平

D. 低于行业平均水平

5. 您公司的人员规模是(　　　)。

A. 1 ～ 50 人

B. 50 ～ 200 人

C. 200 ～ 500 人

D. 500 ～ 1000 人

E. 1000 ～ 2000 人

F. 2000 ～ 5000 人

G. 5000 ～ 10 000 人

H. 10 000 ～ 50 000 人

I. 50 000 ～ 100 000 人

J. 100 000 人以上

6. 您在公司的职位是（　　　）。

A. 董事长 / 总经理

B. 高层管理者

C. 中层管理者

D. 员工

E. 其他

7. 您的公司名称是 ______________。（可填可不填）

企业访谈

我们与人效冠军的人力资源负责人以及相关的高管进行了访谈。访谈内容主要围绕以下内容展开：

（1）贵公司在战略上有哪些布局？

（2）您认为贵公司战略选择成功的关键是什么？

（3）贵公司在行业中的地位如何？

（4）您认为贵公司人效高的原因是什么？

（5）贵公司在人才管理上是如何做的？有哪些优点？

（6）贵公司营销模式的选择是怎样的？

（7）贵公司在产品和服务上是如何做的？

（8）贵公司在研发管理上的情况如何？

（9）贵公司在技术引进上的情况如何？

（10）贵公司在发展过程中有没有因为技术原因并购相关公司？

（11）贵公司在组织流程上有哪些优化措施？为企业带来哪些价值？

（12）贵公司在企业文化上是如何做的？

（13）除了以上方面，贵公司在人效提升上有哪些建议？

Champions of
Labor Efficiency

后　记

本书到此便告一段落，收笔之际，感慨万千。从本书的构思，到研究团队的组建，再到写作，以及最后的校稿出版，整个过程用时两年有余，在这个过程中我们付出了很多心血。

很多读者会问我们为什么要写这本书。我们在提供管理咨询服务时，发现很多中小企业普遍存在人效低的问题，而基于大量的管理咨询实践，我们认为人效将会是中国中小企业在转型升级的过程中必须关注的指标。为了更好地服务于客户，给企业带来更高的价值，我们决定对人效进行系统的研究，提炼出成功企业提升人效的关键做法，以此更好地帮助企业提升人效，同时为中国的企业管理升级注入一分力量。把中国的人力资源管理提升到世界领先水平是我们不懈的追求，也是德锐咨询的使命。

过去几年，我们连续出版了《聚焦于人》《精准选人》《345 薪酬》《股权金字塔》《重构绩效》《找对首席人才官》六本图书。持续写书是为了更好地将我们的研究成果呈现出来，同时传播人力资源领先战略。持续写书能够保证我们咨询方法的科学性，写书的过程也是对我们现有管理理念和咨询方法的一种升华。我们不做昙花一现的咨询公司，而是要做一家拥有自己的系统科学方法论的公司。德锐咨询是一家企业，也像一个研究所。服务于客户是德锐咨询的追求，我们致力于通过不断研发、迭代、实践，持续提升服务能力和咨询价值。

在启动本书的研究和写作之前，我们预估这项工作会占用研究小组成员比较多的时间，事实表明，我们还是低估了。本书的写作和以往的图书相比难度大了很多，以往是将我们的理论和方法进行系统的总结与升华，而这次是一项全新的研究。我们需要投入大量的时间和精力去研究人效冠军，在这个过程中我们也确实遇到了很多困难，比如公司数据的获取、与公司高管的访谈，以及研究方法的推翻又重来，每一步都走得很艰辛。但是我们有一个坚定的信念，那就是探索出最本质、最真实、最核心的企业高人效的秘诀所在，不仅会给客户带来更大的价值，也有助于我们进一步实现把中国的人力资源管理提升到世界领先水平这一使命。我们认为这是一件正确的事情，所以坚持到了最后。总结为一句话，我们坚持做难而正确的事，这就是我们为这本书付出这么多心血的原因。

最后，有些话想跟企业家们再强调一下。

第一是真正地把人效重视起来。未来将会是一个人效战的时代，提升人效一方面为了提高企业竞争力，另一方面也是对这个社会做出的重要贡献。放弃低人效的管理方法有助于中国企业整体效能的提升，这也是国家号召的，我们需要有质量的 GDP，有质量的 GDP 要求企业家关注效能，提升人效。

第二是克服短期主义习惯。在投资领域，有一种短期主义的习惯，企业高管经常抱怨，由于投资者过度关注短期业绩，他们被迫做出有损于长期回报的决策。哈佛大学教授弗朗索瓦·布罗谢的研究显示，这种影响是相互的：持短期主义视角的管理者能吸引注重短期业绩的投资者。在短期主义盛行的当下，企业家迫切需要能够立竿见影的“妙方”。当企业激励效果不佳时，听说股权激励很火热，便匆忙请人开展股权激励，然而效果不尽如人意；当人才储备不足时，听说校园招聘是为企业培养人才的重要途径，便不惜重金投入校园招聘，招来的大学生却被批能力不足，导致校园招聘一度被取消……这些现象都说明企业家陷入了一种短期主义的习惯之中，他们迫切需要能够解决企业当下问题的“灵丹妙药”。殊不知，天地运转自有规律，凡事都是一个循序渐进的过程。

吉姆·柯林斯在《从优秀到卓越》中提到，一个企业从优秀到卓越的过程不是一蹴而就的，企业在实现跨越之前往往经过长时间的积累。沃尔玛在爆发期到来之前用了 25 年的时间打造内部的优化机制，直到 1970 年才开始呈现跨越式增长。可以说，最初的 25 年为沃尔玛提供了足够的时间来“修炼内功”，这为沃尔玛后来的稳步提升打下了坚实的基础，使它多年蝉联《财富》世界 500 强第一名。这为企业家带来一个启示，慢并不一定是差，相反，稳步的提升往往是企业厚积薄发的基础。人效管理也是一个持续的过程，企业家要避免急功近利，今年进行人效管理，明年就能够带来显著提升是不现实的，切忌陷入短期主义的陷阱之中。

最后，感谢本书写书小组的各位成员，没有大家如此专注的投入，就不会有本书的出版。

Champions of
Labor Efficiency

参考文献

[1] 包艳杰. 三至十二世纪河南农作物种植技术研究［D］. 南京：南京农业大学，2014.

[2] 茅友会. 2000年至今茅台酒价格变动一览表［EB/OL］.（2018-01-12）[2020-04-02］. https://new.qq.com/omn/20180112/20180112G0D6JV.html.

[3] 黄治国. 这场危机，我凭什么说：不必恐慌［EB/OL］.（2020-02-18）[2020-04-02］. https://mp.weixin.qq.com/s/A5zjIuR_J-9BTwInftKHjw.

[4] 李祖滨，汤鹏. 聚焦于人：人力资源领先战略［M］. 北京：电子工业出版社，2017.

[5] 李祖滨，刘玖锋. 精准选人：提升企业利润的关键［M］. 北京：电子工业出版社，2018.

[6] 李祖滨，胡士强. 股权金字塔：揭示企业股权激励成功的秘诀［M］. 北京：中信出版集团，2018.

[7] 李祖滨，汤鹏，李志华. 345薪酬：提升人效跑赢大势［M］. 北京：电子工业出版社，2019.

[8] 李祖滨，胡士强，陈琪. 重构绩效：用团队绩效塑造组织能力［M］. 北京：机械工业出版社，2019.

[9] 杨爱国. 华为奋斗密码［M］. 北京：机械工业出版社，2019.

[10] 吴建国. 任正非：人才不是华为的核心竞争力，对人才进行管理的能力才是企业的核心竞争力［EB/OL］.（2018-10-19）[2020-04-02］. https://www.sohu.

com/a/270156444_661857.

[11] 吉姆·柯林斯，杰里·波勒斯. 基业长青（珍藏版）[M]. 真如，译. 北京：中信出版社，2009.

[12] 吉姆·柯林斯. 从优秀到卓越 [M]. 俞利军，译. 北京：中信出版社，2009.

[13] 吉姆·柯林斯. 选择卓越 [M]. 陈召强，译. 北京：中信出版社，2012.

[14] 余胜海. 用好人，分好钱：华为知识型员工管理之道 [M]. 北京：电子工业出版社，2019.

[15] 余胜海. 任正非：要让人力资本增值大于财务资本增值 [EB/OL].（2017-08-01）[2020-04-02]. https://www.sohu.com/a/161389738_99970508.

[16] 朱雪兰. 海底捞连锁店长快速养成：店长培养体系 + 推荐制 [EB/OL].（2018-09-12）[2020-04-02]. https://www.sohu.com/a/253381407_618578.

[17] 烟台市人民政府. 打造一流人才队伍，万华海纳 1200 余名"鸿儒" [EB/OL].（2019-01-03）[2020-04-02]. http://www.yantai.gov.cn/art/2019/1/3/art_12808_2346824.html.

[18] 刘姝威. 万华：尊重人才，允许犯错、技术为王 [EB/OL].（2015-04-24）[2020-04-02]. http://guba.eastmoney.com/news.600309.161033592.html.

[19] 志岗. 人才管理之选人用人是关键 [EB/OL].（2018-11-23）[2020-04-02]. https://wenku.baidu.com/view/33793e6491c69ec3d5bbfd0a79563c1ec4dad777.html.

[20] 相修勤. 格力电器总裁董明珠谈人才：没有人才，一切归零，没有道德，人才归零 [EB/OL].（2018-08-04）[2020-04-02]. https://www.sohu.com/a/245119252_100118736.

[21] 詹泽苗. 劳模群像：咱们是格力人 [EB/OL].（2018-12-20）[2020-04-02]. http://www.bixu.cc/ArticleInfo.aspx?id=988568.

[22] 杨国安. 组织能力杨三角 [M]. 北京：机械工业出版社，2010.

[23] 王峰. 太阳纸业以儒商文化构建和谐企业 [J]. 企业管理，2010（9）.

[24] 董明珠自媒体. 董明珠：未来是属于年轻人的，我们要做的就是给你机会 [EB/OL].（2017-11-07）[2020-04-02]. https://www.sohu.com/a/202763610_610723.

[25] 张立军. 烟台万华公司人才发展战略研究 [D]. 青岛：中国海洋大学，2009.

[26] 哈佛商业评论. 平安豹变：持续年轻，快速进化 [EB/OL].（2019-08-06）

[2020-04-02]. http://event.sj998.com/shangjiedongtai/507140.shtml.

[27] 中国财富官网. 人才年轻化势在必行，互联网巨头开启组织构架调整 [EB/OL].（2019-03-23）[2020-04-02]. https://baijiahao.baidu.com/s?id=1628755888478031590&wfr=spider&for=pc.

[28] Jeff Desjardins. The 20 Companies With the Most Profit Per Employee [EB/OL].（2017-12-22）[2020-04-03]. https://www.valuewalk.com/2017/12/20-comparies-profit-per-employee/.

[29] 证券时报. 中国平安：改革开放的模范生 [EB/OL].（2018-04-09）[2020-04-02]. http://stock.hexun.com/2018-04-09/192790975.html.

[30] 贾光磊. 中国平安保险公司绩效管理制度探析 [D]. 北京：北京邮电大学，2012.

[31] 微观学社. 任正非反思华为的末位淘汰员工制度，其实真正要开刀子的是干部 [EB/OL].（2020-02-05）[2020-04-02]. https://baijiahao.baidu.com/s?id=1659428462537623624&wfr=spider&for=pc.

[32] 钱东海，李朋朋，张啸，齐雪梅，刘晓林. 2018—2019年中国企业敬业度报告 [R].（2020-02-05）[2020-04-02]. https://www.beisen.com/report/568.html.

[33] 经济参考报. “为”与“不为”的辩证法——新时代新国企万华改革创新启示录 [EB/OL].（2019-08-14）[2020-04-02]. http://www.xinhuanet.com/2019-08/14/c_1124872059.htm.

[34] 制药站. 药企员工薪酬大揭秘！ 5家超17万元！[EB/OL].（2019-05-21）[2020-04-02]. https://new.qq.com/omn/20190521/20190521A0INCL.html?pc.

[35] 总裁薪酬. 海底捞张勇：谈钱，才是对员工最好的尊重 [EB/OL].（2020-03-03）[2020-04-02]. https://xw.qq.com/amphtml/20200303A0FODW00.

[36] 赵越. 三一重工股权激励实施效果及完善对策研究 [D]. 大庆：黑龙江八一农垦大学，2017.

[37] 王芳洁. 平安集团CHO蔡方方：平安这样管理180万人 [J]. 中国企业家，2019（06）.

[38] 三一集团. 三一集团的人才培养公式 [EB/OL].（2015-12-21）[2020-04-02]. https://www.sanygroup.com/gskw/27-5115.html.

[39] 中国绿色时报林浆纸周刊. 太阳纸业——人才的养成 [EB/OL].（2016-11-21）[2020-04-02]. http://news.pack.cn/news-326277.html.

[40] 沐芝. 招商银行：如何留住年轻人[EB/OL].（2018-10-30）[2020-04-02]. https://www.hbrchina.org/2018-1030/6776.html.

[41] 中国工程机械商贸网. 三一重工：培养一流人才造就世界品牌[EB/OL].（2012-07-31）[2020-04-02]. http://news.21-sun.com/detail/2012/07/2012073108183471.shtml.

[42] 吴建国，马畅. 华为人才秘密：说和做之间，隔着一套管理方法[EB/OL].（2020-02-24）[2020-04-02]. https://new.qq.com/omn/20200224/20200224A0QK7400.

[43] 赵旭. 森马股份HRD吕冰然谈森马的人才管理[EB/OL].（2014-08-08）[2020-04-02]. https://www.nz86.com/brandnews/ff8080814250f69c0142555b9625000a-16294/.

[44] 赵建勋. 格力，请别忘了春兰[EB/OL].（2019-05-05）[2020-04-02]. https://baijiahao.baidu.com/s?id=1632684094682810856&wfr=spider&for=pc.

[45] 扬米·穆恩. 哈佛最受欢迎的营销课[M]. 王旭，译. 北京：中信出版社，2012.

[46] 孙建恒. 华为的聚焦和聚焦的华为[EB/OL].（2018-04-18）[2020-04-02]. https://www.sohu.com/a/228623794_343325.

[47] 点时投资. 百年老店Sears为何轰然倒地？过于短视、忽视了未来[EB/OL].（2018-10-18）[2020-04-02]. http://www.shangchan.cn/news/show-294179.html.

[48] 张超文，余孝忠. 从"华山一条路"走出的"一体化"化学王国[EB/OL].（2019-08-13）[2020-04-02]. https://baijiahao.baidu.com/s?id=1641707696037308856&wfr=spider&for=pc.

[49] 何伟. 高质量变革：中国100家优秀上市公司之新兴成长篇[M]. 北京：机械工业出版社，2019.

[50] 薛云奎. 穿透财报，发现企业的秘密[M]. 北京：机械工业出版社，2018.

[51] 邓雄鹰，潘玉蓉. 平安披露四大独角兽孵化路径，陆金所上市未列时间表[EB/OL].（2018-03-22）[2020-04-02]. http://www.zqrb.cn/gscy/gongsi/2018-03-22/A1521671047184.html.

[52] 谢长雁. 迈瑞医疗：迈向全球，械中恒"瑞"[EB/OL].（2019-03-05）[2020-04-02]. http://news.hongzhoukan.com/19/0305/liwan140710.html.

[53] 江浙新闻. 邱光和：创造虚拟经营中的“森马模式”[EB/OL].（2015-12-20）[2020-04-02]. https://zj.zjol.com.cn/news/227194.html.
[54] 张继立. 从战略到执行：华为战略管理体系框架 DSTE [EB/OL].（2018-07-25）[2020-04-02]. https://www.sohu.com/a/243220631_99998674.
[55] 彼得·德鲁克. 管理：使命、责任、实务（使命篇）[M]. 王永贵，译. 北京：机械工业出版社，2009.
[56] 亚当·格兰特. 离经叛道：不按常理出牌的人如何改变世界 [M]. 王璐，译. 杭州：浙江大学出版社，2016.
[57] 新华网. 董明珠：研发不设上限人才是格力最大的财富 [EB/OL].（2019-05-20）[2020-04-02]. http://war.chinairn.com/news/20190520/102021649.shtml.
[58] 深圳海江私董学院. IPD 实施最成功的两家企业：IBM 和华为是如何引进应用的？[EB/OL].（2017-08-10）[2020-04-02]. https://www.sohu.com/a/163656305_768424.
[59] 崔晓丽. 从村办小厂到中国 500 强，太阳纸业产能实现万倍增长 [EB/OL].（2018-07-27）[2020-04-02]. https://www.sohu.com/a/243626185_115433.
[60] 董德志. 商业银行成绩单发布，招商银行为何能用零售业务逆市而出？[EB/OL].（2018-04-15）[2020-04-02]. https://www.sohu.com/a/228363022_507132.
[61] 章永宏，罗旭. 未来的组织：企业持续成长的智慧 [M]. 北京：机械工业出版社，2017.
[62] 张振刚. 格力模式 [M]. 北京：机械工业出版社，2019.
[63] 菲费尔. 利润倍增 [M]. 孟八一，译. 北京：世界图书出版社北京公司，2003.
[64] 成伟. 向流程要利润：构建精益化流程管理体系 [M]. 北京：人民邮电出版社，2017.
[65] 张荷芳. 万华化学：玩转数字化“魔法”[EB/OL].（2017-08-07）[2020-04-02]. https://articles.e-works.net.cn/mes/Article136836.htm.
[66] 克里斯·祖克，詹姆斯·艾伦. 创始人精神 [M]. 刘健，译. 北京：中信出版社，2016.
[67] 帕蒂·麦考德. 奈飞文化手册 [M]. 范珂，译. 杭州：浙江教育出版社，2018.
[68] 埃里克·施密特，乔纳森·罗森博格，等. 重新定义公司：谷歌是如何运营的 [M]. 靳婷婷，译. 北京：中信出版社，2019.

［69］约翰 P 科特，詹姆斯 L 赫斯克特. 企业文化与绩效［M］. 王红，译. 北京：中信出版社，2019.

［70］克里斯蒂娜·柯利娅. 3G 资本帝国［M］. 王仁荣，译. 北京：北京联合出版有限责任公司，2017.

［71］王闪闪. 企业文化对企业绩效的作用机理研究［D］. 郑州：郑州大学，2013.

［72］刘向阳，吕杰. 破局：企业管理案例分析［M］. 北京：机械工业出版社，2019.

［73］黄卫伟. 以奋斗者为本：华为公司人力资源管理纲要［M］. 北京：中信出版社，2014.

［74］马鲲鹏，王丛云. 中国平安：上升赛道，综合布局，稳定分红［EB/OL］.（2019-12-19）［2020-04-02］. http://finance.sina.com.cn/stock/relnews/hk/2019-12-19/doc-iihnzhfz6941009.shtml.

［75］菜根老谭. 思考：如何打造一个优秀的研发体系？［EB/OL］.（2019-05-05）［2020-04-02］. http://www.woshipm.com/pd/2299584.html.

［76］夏忠毅. 从偶然到必然：华为研发投资与管理实践［M］. 北京：清华大学出版社，2019.

［77］周辉. 产品研发管理：构建世界一流的产品研发管理体系［M］. 2 版. 北京：电子工业出版社，2020.

［78］DayOne 脑动工作坊. 企业存在的意义到底是什么，一个模型告诉你！［EB/OL］.（2016-09-28）［2020-09-16］. https://www.sohu.com/a/115260648_494224.

［79］帕特里克·兰西奥尼. 示人以真：健康组织这样开展业务［M］. 刘向东，陈慧依，译. 北京：电子工业出版社，2010.

［80］苏德中，王宜骄. 企业的社会责任有什么用？［EB/OL］.（2014-07-02）［2020-09-16］. https://www.hbrchina.org/2014-07-02/2133.html.

［81］克里斯·祖克，詹姆斯·艾伦. 回归核心［M］. 吴彤，译. 北京：中信出版社，2004.

［82］克里斯·祖克. 从核心扩张［M］. 曾淯菁，译. 北京：中信出版社，2004.

［83］WuZhiCong. 重型机械行业市场饱和度分析及影响市场规模因素［EB/OL］.（2019-03-27）［2020-09-16］. http://www.chinairn.com/news/20190327/17164483.shtml.

［84］小笼包书斋. 2016 年中国基础化工行业整体运行状况及行业投资活动占比分

析［EB/OL］.（2017-01-14）［2020-09-16］. http://www.360doc.com/content/17/0114/16/39743442_622437848.shtml.

［85］CY329. 2019年中国医药行业发展现状及2023年行业发展趋势预测［EB/OL］.（2020-05-09）［2020-09-16］. http://www.chyxx.com/industry/202005/860516.html.

［86］CY329. 2016年中国造纸行业发展现状及价格走势分析［EB/OL］.（2017-01-26）［2020-09-16］. http://www.chyxx.com/industry/201701/491282.html.

［87］李一凡. 2018年中国服装行业市场现状与2019年发展趋势［EB/OL］.（2019-07-18）［2020-09-16］. https://www.qianzhan.com/analyst/detail/220/190717-2c2c23b1.html.

德锐咨询
人才领先战略系列丛书

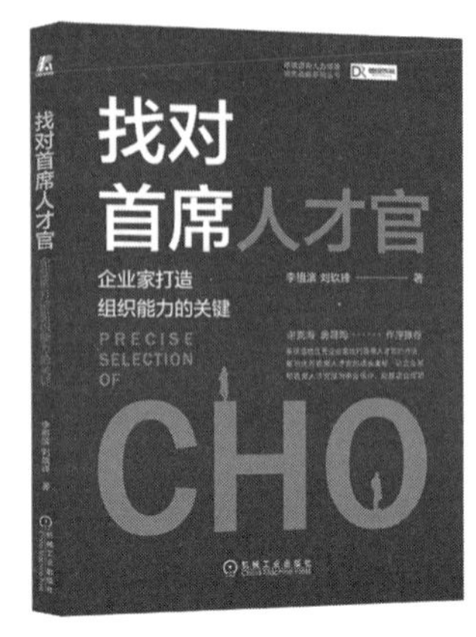

ISBN	书名	作者
978-7-111-62897-2	重构绩效：用团队绩效塑造组织能力	李祖滨 胡士强 陈琪
978-7-111-64298-5	找对首席人才官：企业家打造组织能力的关键	李祖滨 刘玖峰
978-7-111-65619-7	人才盘点：盘出人效和利润	李祖滨 汤鹏 李锐
978-7-111-66986-9	人效冠军：高质量增长的先锋	李祖滨 汤鹏
978-7-111-68974-4	人才画像：让招聘准确率倍增	李祖滨 陈媛 孙克华
978-7-111-70895-7	3倍速培养:让中层管理团队快速强大	李祖滨 李锐
978-7-111-74113-8	双高企业文化：让企业文化简单有效	李祖滨 刘星 刘刚
978-7-111-65512-1	数商：工业数字化转型之道	顾建党 俞文勤 李祖滨